武汉大学『大学精神与文化建设』丛书

珞珈青年说

◎

主编 黄鑫

WUHAN UNIVERSITY PRESS
武汉大学出版社

图书在版编目(CIP)数据

珞珈青年说/黄鑫主编;王园,迟宗宝,宋时磊副主编.—武汉:武汉大学出版社,2023.12(2025.1 重印)
武汉大学"大学精神与文化建设"丛书/楚龙强主编
ISBN 978-7-307-24102-2

Ⅰ.珞…   Ⅱ.①共…   ②王…   ③迟…   ④宋…   Ⅲ.武汉大学—校友—事迹   Ⅳ.K820.7

中国国家版本馆 CIP 数据核字(2023)第 211324 号

责任编辑:胡国民   责任校对:汪欣怡   整体设计:藏远传媒

出版发行:武汉大学出版社   (430072   武昌   珞珈山)
          (电子邮箱:cbs22@whu.edu.cn 网址:www.wdp.com.cn)
印刷:武汉精一佳印刷有限公司
开本:787×1092   1/16   印张:14.5   字数:225 千字   插页:2
版次:2023 年 12 月第 1 版   2025 年 1 月第 2 次印刷
ISBN 978-7-307-24102-2   定价:90.00 元

武汉大学"大学精神与文化建设"丛书

丛书主编　楚龙强

丛书编委　徐东兴　蒋　明　姜星莉　龙　滔　付　磊
　　　　　　黄　鑫　孙太怀　韩　琦　杜　博　吴　丹
　　　　　　周　伟　姜卫平　冯　果　毕卫民　刘　扬
　　　　　　李天亮　彭启智　尤传明　席彩云　罗春明
　　　　　　涂上飙　杨欣欣　王爱菊　雷世富　张　岱
　　　　　　谌启航　李　琳　苏明华

编委会 ···

主　　编　黄　鑫

副 主 编　王　园　迟宗宝　宋时磊

编　　委　韩　琦　伍　林　徐晓瑜　张　焰

　　　　　谢　颖　吕龙飞　宋　博　陈亚新

　　　　　刘泽庭　韩　璐　张　植　王子轩

　　　　　王　菲　刘梦灵　刘精敏　祁　成

　　　　　杨茹凯　肖怡星　吴天悦　何国瑞

　　　　　张欣洁　张溶玲　陈雨燕　陈焕卿

　　　　　陈馨旖　赖荟羽

···

总 序

  江城多山，珞珈独秀。作为中国高等教育的一方重镇，武汉大学拥有悠久的办学历史，汇集了众多的精彩华章，永不停歇地奋进、改革、发展，笃行致远，弦歌不辍。

  风雨征程，波澜壮阔。回顾武汉大学 130 余年的历史，既是一部自强不息、艰苦奋斗的创业史，也是一部满怀理想、气势恢弘的发展史。从诞生于清末救国图强洪流中的自强学堂，到跻身中国五大名校之列的国立武汉大学；从乐山时期艰苦困厄中取得辉煌成就，到中华人民共和国成立后呈现蓬勃生机；从走在改革开放潮流之先的"高校中的深圳"，到世纪之交合并高校的典范；从全面推进跨越式发展，到勇担重任"顶天立地"办大学；从自强不息在挫折中奋起，到满怀信心迈向世界一流……在漫长而壮阔的征程中，武汉大学广纳良才，荟萃精英；名师云集，英才辈出；实力雄厚，声名远扬。学校勇立中国高等教育发展的潮头，始终以民族复兴为己任，不断为国家富强和人类进步作出新的贡献。迄今已为社会输送了 70 余万名各类高级专门人才，创造了一大批有价值的研究成果，建设了一支高素质的教师队伍，已发展成为学科门类齐全、师资力量雄厚、育人环境优美，具有深厚的人文底蕴、鲜明的办学特色和优良的学风校风，在国内国际都有着广泛影响力和卓著声誉的高水平大学。

  一所大学百余年的激荡史，贯注着一种绵延不息的精神传统。大学精神是一所大学的灵魂，反映了大学根本的办学理念和价值观念，关系到一所大学的存亡兴衰。

大学精神无形却永恒，正是一所大学经久不衰的独特魅力和生命力之所在。在长期的办学过程中，武汉大学积淀了丰富而深厚的文化传统，形成了独特而鲜明的核心价值，凝练出武大人广泛认同和自觉奉行的武大精神。武大精神是武大人共同的价值追求和精神动力，正是凭着一代代学人的耕耘和涵育，一代代学子的承继和弘扬，武大的"精气神"才得以生生不息，滋兰树蕙。武大精神集中体现在"自强、弘毅、求是、拓新"的校训中，她铸造了武大的文化之髓、价值之轴、兴校之魂，彰显了百年学府的独特气质和卓越风采。

武大精神蕴涵着匡时济世、奋斗不止的"自强"精神。"天行健，君子以自强不息。"武汉大学从诞生之时起，就被历史性地赋予"上备国家任使"的神圣使命，她承载着无数仁人志士的光荣与梦想，始终立于时代发展的最前沿，始终站在攻坚克难的最前列，以热血救国，以学术报国，以创新强国，一代代武大人志存高远，不懈探索，自立自强，生生不息。

武大精神蕴涵着坚韧刚毅、志向超迈的"弘毅"精神。"士不可以不弘毅，任重而道远。"无数先贤矢志追求办一流大学的"武大梦"，无数后来者接续奋斗，既有鲲鹏之志般的理想和抱负，又有甘坐冷板凳的恒心和韧劲，秉持宽容豁达的气度、刚毅坚卓的毅力，一代代武大人追求卓越，勇创一流，锲而不舍，勇毅前行。

武大精神蕴涵着朴实勤严、追求真理的"求是"精神。"修学好古，实事求是。"科学上追求至真，道德上追求至善，是历代武大学人躬身践行的品格和风骨，展现了为人朴素真诚、做事脚踏实地的学者风范和学术精神。去浮华，敦朴素，弃空谈，尚实干，一代代武大人澹泊明志，宁静致远，治学严谨，术业专精。

武大精神蕴涵着敢为人先、锐意进取的"拓新"精神。"苟日新，日日新，又日新。"崇尚创新、不拘一格、敢破敢立，已成为武大人身上的鲜明标识。武汉大学被誉为"拔尖创新人才的摇篮"，学校始终引领时代发展潮流，不断顺应国家社会需要，致力于科学研究和教育教学改革与创新，一代代武大人勇于创造，探索未知，独辟蹊径，培育栋梁。

当前，我国正处在以中国式现代化全面推进强国建设、民族复兴伟业的关键时期。党的二十届三中全会强调，教育、科技、人才是中国式现代化的基础性、战略性支撑，要统筹推进教育科技人才体制机制一体发展，提升国家创新体系整体效能。全国教育大会发出朝着建设教育强国坚实迈进的动员令。武汉大学作为在全国有着重要影响力的"双一流"头部高校，以高质量内涵式发展的新成就新贡献，助力我国早日建成教育强国、科技强国、人才强国，是我们责无旁贷的历史使命和重大任务。面临新的形势和要求，我们理当回顾过往，审视当下，展望明天。鉴往知来，学校党委组织编辑出版武汉大学"大学精神与文化建设"丛书，就是为了梳理武大的文化传统和精神脉络，展现百卅学府的梦想与追求、情怀与担当，凝聚广大师生不断向前奋进的强大精神力量。丛书所包含的《珞珈大先生》《珞珈青年说》《留学珞珈》《珞珈记忆》《红色珞珈》，集中展现了武大的师者风范、学子风采、留学生活、历史记忆和红色基因，旨在从不同维度、不同方面讲好武大故事、展示武大形象、彰显武大底蕴、弘扬武大精神。

以院士和资深教授为代表的"大先生"是武大优秀教师的杰出代表，他们以其真知灼见泽被后世，以其风骨精神影响后学，突出地体现、赓续和发扬了武大精神；珞珈青年求知在武大，成才在珞珈，到祖国最需要的地方建功立业，他们的多彩生活和奋斗故事是武大学子共同的青春励志书；培养好留学生是武大不断走向国际化的一个生动剪影，是"留学中国"品牌的一张亮丽名片，是讲好中国故事、传播中国经验、发出中国声音的鲜活范例；珍贵的老照片是武大人共同的历史记忆，折射出百年名校悠久的办学历史、厚重的学术底蕴与深邃的人文精神；红色珞珈图集展现了党组织在武大的孕育、师生的爱国运动、校园建筑承载的红色故事等生动感人、弥足珍贵的红色文化资源，描绘出一幅武大红色基因图谱。今后，这套丛书还可吸收更多学校文化建设的最新成果，不断丰富拓展武大文化精神的深厚内涵。

忆往昔，沧桑巨变成历史，多少俊彦领先声；看今朝，凤鸣盛世续华章，无数新人立伟业。武大精神的力量感召着我们，也将永远激励着来者。站在新的历史方位，武汉大学这所百年学府正焕发蓬勃生机，洋溢着青春活力，以昂扬之姿拥抱下一个百卅华年。我们将坚持以习近平新时代中国特色社会主义思想为指导，深入学习贯彻党的二十大和二十届二中、二十届三中全会精神，深入贯彻落实习近平总书记给武汉大学参加南北极科学考察队师生代表的重要回信精神，牢记嘱托、砥砺奋进，勇担新时代赋予的新使命，进一步厚植武大文化、弘扬武大精神，在加快建设中国特色世界一流大学的伟大征程中，以高质量发展的新成就，以支撑建设教育强国、实现中国式现代化的新贡献，续写武汉大学新的壮丽篇章。

黄泰岩

2024 年 11 月于珞珈山

序 言

谋求人类福祉、推动社会进步、实现国家富强是武汉大学的办学目标。回顾武汉大学的办校历程，学校始终以办人民满意的大学为宗旨，秉承"自强、弘毅、求是、拓新"的精神，致力于建设中国特色世界一流大学。在党的二十大报告中，习近平总书记寄语广大青年："广大青年要坚定不移听党话、跟党走，怀抱梦想又脚踏实地，敢想敢为又善作善成，立志做有理想、敢担当、能吃苦、肯奋斗的新时代好青年，让青春在全面建设社会主义现代化国家的火热实践中绽放绚丽之花。"一直以来，武汉大学坚守"为党育人、为国育才"的崇高使命，引领珞珈青年自觉沿着习近平总书记指引的方向茁壮成长，着力培养志存高远、脚踏实地，具有强烈社会责任感和民族情怀、具有创新能力和国际竞争力、具有"自强、弘毅、求是、拓新"精神的珞珈新青年。

青年一代有理想、有担当，国家才有前途，民族才有希望。党的十八大以来，习近平总书记时刻牵挂着青年工作，以习近平同志为核心的党中央始终把党的青年工作放在治国理政的重要位置，青年发展事业实现了全方位进步、取得了历史性成就。在科技创新最前沿、乡村振兴大舞台、服务社会第一线、国际交往新天地、急难险重任务中不断涌现出一批批堪当民族复兴重任的时代新人。武汉大学一直以来都紧跟党的步伐，认真学习习近平总书记关于青年工作的重要思想，努力做好新时代党的青年工作，取得了显著的育人成果。作为我国最早研究和传播马克思主义的高校之一，共青团武汉大学委员会通过大力推进"青马工程"、西部计划和研究生支教团，培养了一批像王众等具有强信念、能干事、敢担当的青年马克思主义者。武大学子毕业后不仅积极投身于长江三角洲地区、粤港澳大湾区、京津冀地区等重点区域经济发展，还积极服务于国家发展战略，一批批武大学子志愿加入西部计划，积极投身于三峡工程、南水北调、南北极科考、载人航天、北斗等国家重大工程，以青春之我、奋斗之我，为民族复兴铺路架桥，为祖国建设添砖加瓦。他们是身边可亲可近可敬的典型，值得广大同学们学习。

　　武汉大学的发展历程，见证了一代代武大人的共同奋斗和不懈努力，他们将个人命运紧密联系着国家和民族的命运，作出了自己的人生抉择。陈东升、雷军校友选择在创新创业的大潮中勇立潮头，为国家经济的发展贡献巨大力量；李敏教授选择深耕北斗导航，其科研工作曾三次获得国家科技进步二等奖，为中国的卫星导航系统发展立下了汗马功劳；徐冶琼老师选择奉献于教育事业，培养了一代又一代的人才，被评为"最美高校辅导员"；白蕊校友选择专攻科研事业，入选 2018 年度"未来女科学家计划"名单；况核倩校友选择了一条不同寻常的道路，投身于全球难民生存事业，关爱弱势群体，为国际社会的和平与公平事业贡献自己的力量……在他们的身上，是对武大人"自强、弘毅、求是、拓新"精神最好的诠释。现在接力棒传到了新一代武大人手中，面对日新月异的世界，作为新一代武大人，我们应该思考如何做出自己的人生抉择。

　　在校团委和学校各部门的努力下，此书收集了许多有代表性的青年校友和青年学生的个人奋斗故事和珞珈成长故事，这些故事不仅代表了武大人共同的青春回忆，更是一笔宝贵的精神财富。我们编写这本书，就是希望他们的经历能给新一代武大人对如何作出自己的人生抉择一些思考与启发。希望他们身上的精神能激励新一代武大人，立时代之潮头、发时代之先声，将个人成才梦与武大梦、中国梦紧密结合，秉持"自强、弘毅、求是、拓新"的精神，努力成为担当民族复兴大任的时代新人，也希望《珞珈青年说》可以持续出版下去，成为武大人共同的青春回忆。

编者

2024 年 11 月

李敏被授予第27届中国青年五四奖章，与时任团中央第一书记贺军科合影（左一）

唐泽源入伍期间在野外集训

况核倩在位于苏丹边境的 Maban 难民营做营养调查

王琇琨参加中宣部"新时代青年的青春担当"中外记者见面会

徐冶琼参加第二届全国高校辅导员职业能力大赛并获一等奖（第一排左一）

周理带领村民到山上升国旗

白蕊（左二）获评第十五届"中国青年女科学家奖"

"启明星一号"卫星成功发射

目录

逐梦珞珈『星』愿启航

李敏参加国家科学技术奖励大会

李　敏

　　1983 年 11 月出生，湖北监利人，中共党员。武汉大学测绘学院 2001 级本科生、2005 级硕博连读研究生。主要从事卫星精密定轨定位理论方法研究，是国际卫星导航服务组织（IGS）武汉大学分析中心和数据中心的主要创建者之一，主持国家北斗导航重大专项项目、国家高分重大专项项目、国家自然科学基金等国家级科研项目 20 余项，发表学术论文 80 余篇；被授予第 27 届中国青年五四奖章，获第 17 届中国青年科技奖，入选国家级青年人才计划、青年测绘地理信息科技创新人才、武汉市青年科技"晨光计划"、武汉大学"珞珈青年学者"，获国家科技进步奖二等奖 3 项，省部级科技奖励 10 项。现任武汉大学教授、博士生导师，卫星导航与定位教育部重点实验室副主任，武汉大学 IGS 分析中心副所长。

大师引路，筑牢专业基础

2001 年，18 岁的我从湖北农村考入武汉大学测绘学院。当时，距离四校合并组建新的武汉大学刚满一年，测绘学院所在的信息学部与文理学部之间尚有一路之隔，校园内时不时还能感受到原武汉测绘科技大学的痕迹。

军训期间，听到周围有同学谈论专业，大家普遍认为测绘工程是比较艰苦的专业，将来需要从事很多野外工作，有的甚至开始谋划转专业。我从小在农村生长，虽然对野外体力劳动不陌生，对专业也有充分的心理准备，但是听周围同学谈论多了，情绪也难免受到一些影响。有时也会怀疑，这是不是自己辛辛苦苦考进来的武汉大学，测绘工程是不是值得自己接下来的四年乃至更长时间为之努力奋斗的专业？

第一学期的课程大部分是数学、政治、英语和计算机等公共课，只有一门"测绘学概论"是专业必修课。这是学院为测绘类专业本科生开设的一门基础课，目的是让刚入学的新生认识和了解测绘专业。由于课程的名字平平无奇，一开始我对这门课程也没有太多期待。直到进了课堂，上了几次课，才发现这门课是由几位老师共同讲授的，每节课的授课老师都是测绘领域的院士和专家。对于一个刚从高中毕业的大一新生而言，能够近距离见到中国科学院院士和中国工程院院士并聆听他们讲课，还是很令人振奋的。人们口中经常提到的科学家就在眼前，这种震撼的感觉难以言表。

院士们结合自己的亲身经历和感受，用通俗的语言将最前沿的专业知识娓娓道来，从多个角度将测绘学的画卷徐徐展开，引导我们寻找自己的兴趣所在。被誉为"中国 GPS 之父"的刘经南院士在课堂上介绍了我国卫星导航的发展史，讲解了 GPS 精密定位在隔河岩水库大坝形变监测中的应用。他用一个个小故事讲出了一代代测绘人的家国情怀，还勉励我们不要迷信教材和权威，要敢于超越前人，这让我深受触动。从那时起，我开始意识到测绘工程专业大有可为，只要矢志不渝，努力把每一件事做到极致，就能沿着这些学术大师们指引的方向去领略测绘科学的魅力，就能像他们那样在国家需要的关键时刻挺身而出，贡献自己的力量。

一方面院士们的讲授激发了我的专业兴趣，我希望自己能够快速学习和成长，有朝一日能够得到行业顶尖专家的指导，向他们请教；另一方面，院士们对待教学的认真态度让我见识到为师之道，当时刘经南院士身为大学校长，还能在百忙之中抽出时间认真为我们授课，让我对未来的学习充满了信心。怀揣着这样的初心和信心，我在本科阶段努力学习，获得了硕博连读资格。

研究起步，初识北斗系统

研究生学习期间，正值我国北斗二号卫星导航系统建设试验阶段，导师团队承担了北斗二号首颗中轨道（MEO）卫星野外观测试验和精密定轨工作。我有幸作为核心成员参与其中，不仅通过项目实践提升了解决实际问题的能力，积累了很多经验，也第一次深切体会到投身国家重大战略工程的光荣与使命，但更多的收获是领略到精益求精的科研精神和守土有责的责任意识。

2007年夏天，国家北斗导航相关机构专项组织北斗二号系统首个中轨道卫星联测联试，我被派遣到中国科学院云南天文台开展野外观测。那时候，北斗野外观测需要有人值守，我几乎要整天坚守在北斗信号接收设备旁，确保各项数据正常接收。我需要观察设备的时钟误差累计，每隔十几个小时，当误差达到一定阈值后，就要手动归零一次。虽然这项工作枯燥乏味，但想到这是我国北斗二号卫星首颗中轨道卫星的第一手实测资料就充满激情和动力。一连两个月，我都在重复做这项工作，收集了大量一手数据资料，为后续北斗高精度定轨定位研究工作打下了坚实基础。

在跟随团队开展研究的过程中，老师们的言传身教让我理解了什么是真正的科学家精神，他们用实际行动诠释了胸怀祖国、敢为人先、追求真理、严谨治学的全部内涵，让我和我的团队受益匪浅。我们的坚持和努力也得到了国内同行的认可，2012年5月，在广州召开的中国卫星导航学术年会上，我的论文获得了青年优秀论文一等奖（第一名）。这份荣誉是对我个人的鼓励，也是对我们团队为北斗系统建设所作贡献的高度认可。

攻坚克难，提升北斗性能

得益于攻读博士学位期间的科研贡献，我提前被选留在武汉大学卫星导航定位技术研究中心的卫星精密定轨与导航增强团队继续从事科研工作，从此致力于北斗卫星和对地观测卫星精密定轨研究。

北斗系统在建设期间就提出了一个口号：中国的北斗，世界的北斗。过去，国产卫星实时定轨精度仅能达到米级甚至数十米级，远比不上 GPS 的厘米级定轨精度。在此种情形下，若想在高精度应用领域"取代"GPS，就必须提升北斗卫星定轨精度。

大幅提升卫星定轨精度绝非易事。北斗卫星轨道高度距离地球有 2 万 ~3 万千米，运行速度可达数千米每秒。在浩瀚宇宙中，太阳光照等微小因素都可能影响卫星运行。卫星本体形状、材料属性不同，受到力的影响也不同，因此我们在研究过程中没有完全通用模型可以参考，需要对北斗卫星开展针对性的研究和分析。

经过多年科研攻关，团队针对国产卫星特点，在轨标校了毫米级的系统误差，精化了轨道动力学模型；提出北斗卫星厘米级实时精密定轨方法，并最终自主研制出国产卫星精密定轨软件系统，将我国北斗卫星和对地观测卫星实时定轨精度从米级提升至厘米量级，达到国际顶尖水平。这些创作成果得到北斗导航系统副总设计师杨元喜院士的高度评价，3 次获得国家科技进步奖二等奖。

眼下，团队正着手进一步提升北斗卫星定轨精度，参与 IGS（国际卫星导航服务组织）和 iGMAS（全球连续监测评估系统）相关国际合作项目。同时，开展北斗卫星、遥感卫星在轨自主定轨方面研究工作，期望在星上处理平台就能达到轨道数据高精度处理,提升卫星自主服务能力。"中国的北斗,世界的北斗",正在由口号变成现实,我能够见证并参与这一宏伟事业,备感荣幸。

 ## 顶天立地,推广北斗应用

一路走来,我始终坚守科研一线,也始终没有忘记老师的教诲——把"创新科技、服务国家、造福人民"融入血脉,这与武汉大学章程中提到的"谋求人类福祉、推动社会进步、实现国家富强"不谋而合。习近平总书记号召广大科技工作者要把论文写在祖国的大地上,把科技成果应用在实现现代化的伟大事业中。

在北斗之前,我国尚未建立公开服务的全球卫星导航系统数据中心,境外数据中心难以满足我国爆发式增长的用户需求和安全需求,我国高精度卫星导航定位应用和科学研究受到限制。为解决这一痛点问题,在刘经南院士的带领下,团队设计并建成了 IGS 武汉大学数据中心,向全球卫星导航定位用户免费提供数据服务,改变了我国卫星导航高精度应用必须依赖国外数据中心的被动局面。2015 年,IAG(国际大地测量协会)和 IGS 对该中心的建立给予高度评价,认为这是一件"里程碑事件"。如今,该数据中心年度累计数据下载次数近 3 亿次,不仅服务于普通科研用户,还有力支撑了北斗卫星导航系统的全球监测评估和性能提升。由于相关工作得到了行业的高度认可,我相继获得中国青年科技奖和中国青年五四奖章。

同时,团队也深刻地意识到,先进的科研成果不能只停留于纸上谈兵,只有落地才能转化为生产力,从而改善民生、造福人类。因此,在追求国际领先科研水平的同时,团队也十分注重科技成果的转化。我们积极开展多种形式的校企合作、军民融合和产学研结合,将最新科研成果应用于生产实践。

依托一系列创新研究成果、发明专利和软件著作权等知识产权,团队与国家卫星海洋应用中心、中国资源卫星应用中心、华为公司、中国移动、未来导航等知名企事业单位开展了深度合作,主持研制了海洋二号、资源三号等 20 余颗国产卫星的精密定轨业务处理系统，以最高标准无偿为部队提供了 IGS 全球观测站实时数据，迅速解决了部队的燃眉之急，为武汉市和湖北省北斗产业布局出谋献策，提供咨询建议，用北斗高精度定位技术助力智慧城市的建设。

立德树人，培养创新人才

能走上科研之路，并坚持至今，得益于在大学时期就遇见了好的引路人。我是幸运的。如今我自己也成为一名高校教师，站在讲台上，面对一张张青春的脸，我总会想起曾经的自己。我希望把这份幸运传递下去，希望自己也能当好引路人，帮助学生扣好人生的第一粒扣子，找到人生的正确方向。

在课堂上，我希望能够以知识为载体，培养学生的科学精神、逻辑思维和综合能力，实现全面发展。我会结合自己长期从事国家北斗导航重大专项和高分重大专项的研究经历，精心梳理载人航天精神、探月精神、新时代北斗精神等特色系列题材，将知识性、趣味性和创新性有机融入课堂，以激发学生的学习兴趣和家国情怀。

我希望把创新思维根植于学生心中，让学生能发自内心地热爱这个专业，用青春热情去开创属于自己的科研事业。我所在的大地测量教研室入选 2020 年湖北高校省级优秀教学基层组织，团队入选"北斗二号卫星工程建设突出贡献集体"。与这些荣誉相比，更让我欣慰的是每次在学校的匿名评教系统里收获学生的肯定，有人说我的课"很生动"，也有人说我讲的知识点"让人印象深刻"。我深知立德树人是一个持之以恒的过程，不敢有半点松懈。

在与学生的互动中，我也获得了成长。团队里一名博士生攻读博士学位第三年时，正赶上团队要开展北斗系统下一代低轨增强的论证和试验系统研制。任务重，人手却不足，这名博士生顶住了撰写毕业论文的压力，主动请缨参与此次项目攻坚，让我颇为感动。最终，团队共同努力为北斗低轨增强设计提供了全面系统的分析报告。

如今，我的学生有的已经走出校门进入社会，有的和我成为同事，他们在工作或生活中面临选择或遇到困难时还会找我交流。我非常乐意和他们分享我的看法，用我的经历为他们提供参考，希望他们少走弯路。习近平总书记强调，当代青年要在实现民族复兴的赛道上奋勇争先，这将是我与团队青年共同努力的方向。

回望过去，激励我和我的团队奋斗不息、勇往直前的有"自强、弘毅、求是、拓新"的武汉大学校训，有"自主创新、开放融合、万众一心、追求卓越"的北斗精神，也有刘经南院士"只要对国家有利，提不提我的名字，又有什么关系"的赤子胸襟，而贯穿这些精神的根本是家国情怀。

除了人才培养、科学研究和服务社会，大学的另一重要职能便是文化传承与创新。武汉大学在中华危难之际应运而生，孕育了心系家国的赤子情怀，家国情怀就是武汉大学与生俱来的文化底色。传承就是要将老一辈测绘科学家的优良品质一代代传递下去，创新就是要用实际行动赋予家国情怀新的内涵，这是青年教师最重要的使命之一。

在百年未有之大变局的历史关头，在武汉大学130周年校庆来临之际，我会继续不忘初心，矢志践行为党育人、为国育才的历史使命；继续团结协作，开展有组织的科研，服务国家重大需求；继续利用我的专业优势，为建设科技强国、教育强国贡献自己的智慧和力量。

等待与花开：大山里的魔法教室

赵书影生活照

赵书影 ···

　　赵书影，武汉大学新闻与传播学院 2005 级本科生，经济与管理学院 2010 级硕士研究生。哈佛大学 ELP（国际慈善高级领导人培训班）奖学金获得者。长期关注青少年、互联网、公益的交叉领域。在校期间创立了"大山里的魔法教室"，工作后作为初创成员和项目 PM 落地执行了首届 99 公益日、首届中国互联网公益峰会、腾讯智体双百计划等有行业影响力的项目。曾获湖北省优秀共产党员、湖北省西部计划优秀典型人物 20 人等荣誉称号，目前为腾讯成长守护平台产品运营负责人。

念起武大，回忆如潮水般涌来，读着"学大汉武立国"从校门口牌坊下穿过；在樱花城堡的老图书馆期末刷题；在教五多功能报告厅站三小时听完"四大名嘴"的讲座；在理学楼看不能错过的武大"唇舌烽火"。

在武大，我还有很多自己的独家记忆：因为喜欢自强学堂网，通过努力写了一年稿，成为自强记者团的团长；想探索武大精神，寻找更兼容并包的榜样，在老师的支持下，策划了武汉大学"十大珞珈风云学子"的首届评选；立志当一名深度记者，就在学院的支持下，去央视、凤凰卫视实习；毕业的时候，想给最好的朋友一份毕业纪念，就和从武大正门出发到汉口火车站的519路公交车司机商量，把"欢送杨佳琪"打在车身上穿城而过。

"珞珈一程，三生有幸"，在珞珈山下，我自由自在地生长，实现自己许下的每一个愿望。在本科毕业之际，当所有的梦想都要落地生根、扎根泥土的时候，我有幸获得了参与2009年"大学生志愿服务西部计划"的机会。而本科与研究生中间这一年的志愿服务期，也成了重塑我职业观与价值观的一次重要契机。

"并不是每个人在年轻的时候，都能有这样一年的时间去思考如何服务他人，当我拥有这样一个机会时，我能如何去交上答卷呢？"带着对自己的期待，我踏上了去恩施的行程。

 一年的答案

在志愿服务期间，我和武大志愿者朱蕾、黄俊、王晓兵因为同时在恩施地区从事志愿服务，很快熟络了起来。在工作之余，我们也经常去乡村学校调研，看看我们能给当地的孩子做点什么。乡村公路顺着狭窄的山崖蜿蜒盘旋，在盘山公路上一路颠簸了几周后，我们在恩施市屯堡乡车坝小学停住了脚步。和学生们简单交流后，一个流着鼻涕的9岁小男孩儿走到我们面前，他叫高葳，车坝小学四年级学生。他小心翼翼地从语文书里抽出一样东西，"姐姐，送你的礼物"。我抬头，看见皱巴巴的纸上，很用心的铅笔画。"你爱画画？"他狠狠地点着头。"有人教你吗？"他沉默地看着我……

往后几周，乡村小学调研的图景在我脑海中一一串联起来。在这些群山环绕的地方，你可以听到小小操场上的欢笑声，但你可能听不到阵阵歌声；你可以看见孩子们书写整齐的课本，却可能看不见五颜六色的绘本。当城里的孩子在钢琴前抱怨辛苦无趣的练习时，山里的孩子可能还从未见过一件乐器……根据语数外的学习情况简单地把他们分成了两类人：好孩子、坏孩子……而我们又能否为此带来些改变？

"大山里的魔法教室"项目就这样产生了。"当你真心想做一件事情的时候，全世界都会来帮你"，一个小小的起心动念，到想法变成现实，很难却也很简单。我们参加"联想全国青年公益创业大赛"拿到了一等奖，更重要的是得到了10万元的项目启动金，我挂职的恩施市政府1：1匹配了10万元建设费用。

说干就干，项目第一年，"魔法教室"在恩施的车坝小学落地后，又陆续在恩施莲花小学、桑树小学、金茂小学、龙凤小学及河溪小学落地建成。

我们把自己对这个世界的美好想象融在一间教室里：暖黄色墙面，整面墙的大镜子，一架黑色的钢琴，投影仪与电脑连接山外世界，半面墙壁的涂鸦板上是孩子的各种作品，隔板组成梦想角，每个玻璃瓶里装着一个个梦想，守护着孩子们的未来。

我曾经在梨树小学随手打开一个"梦想玻璃瓶"，里面是一张张卷着的小纸条，约一寸长，展开来：

"一名美术家——向建峰"

"科学家——向仲双"

"成为一名音乐家——向江"

"当冒险家——向付"

"魔法教室"建成后，孩子们的爱好呈爆发式增长，画画、跳舞、写作等丰富了孩子的学习和生活。"魔法教室"里那些不曾见过的东西对学生产生了真实影响，我们听到了竹子在春天拔节的声音。

　　一年志愿服务结束后，我回到学校。在校团委老师们的支持下，5 位西部计划志愿者来到恩施。新一届志愿者在陈冬玲、肖潇的带领下，继续在恩施落地"魔法教室"项目。而在校内，我们也成立大山里的"魔法教室"社团，经管院的邹淯鹏、哲学院的陈丹妮推动了项目在学校的常态化运营，政管院的李谭伊打组织了"爱在大山项目"，让山区的孩子有机会来到城市、来到武大校园；法学院的张杰牵头完成了 22 课时 6 万余字的"魔法教室"课程体系；城市设计学院的谢豪设计出"海洋之星""魔法生花"两套标准化的教室模板。

　　大山里的"魔法教室"，虽然有着学生鲜明的质朴，但是满满的初心外，标准化的解决方案、可持续运营的机制，让志愿服务团队的热情与传承亦清晰可见。

　　很庆幸，15 年后在武大的校园，大山里的"魔法教室"依然活跃着一批又一批志愿者的身影，50 间凝聚了大学生志愿者的爱的"魔法教室"在全国生根发芽、落地开花，志愿者累计服务时长也超过 127360 小时。

 ## 十年的果实

　　2012 年，我从武大研究生毕业了。在短暂的互联网商业产品经理的经历后，我入职腾讯公益。得益于好的平台和移动互联网的大发展，在这里我见证了"月捐亿力量"，微信支付和公益的结合推动了小额公益捐赠的爆发式发展，也有幸执笔写下过首届 99 公益日和中国互联网公益峰会的落地方案。我见证着每个人的爱心通过平台的力量不断放大，成为推动社会变得更美好的力量。

　　2018 年，我加入腾讯成长守护团队。在回答"为何留守儿童聚集地区，青少年更容易沉迷网络？腾讯又能提供什么样的帮助？"这个命题时，我又一次回到了湖北恩施，找到了 10 年前的师长——恩施教育局电教装备站的文付才站长。10 年，我从学生蜕变成了职场打工人，文站长也一直在教育战线为恩施孩子们接受更好的教育而努力。

　　时间向前，而乡村的教育场景和问题也不断变化。"如何把腾讯的前沿技术与互联网能力运用在乡村教育的场景下，给孩子心里埋下一颗种子，让他们看到除了短视频、游戏之外更大的世界？"这些成为离开"魔法教室"10年以后，我需要继续求解的问题。

腾讯未来教室的项目设计以"硬件＋课程＋师训"确保不落灰，汇集编程、V虚拟现实、3D打印等硬件，以及数字孪生、虚拟仿真、声纹、触觉反馈等腾讯前沿科技课程，借此提升孩子的科技能力。同时，我们通过线上化搭建科技老师垂类社区产品、通过持续的赛事体系等激发师生的动能。恩施龙凤中学是未来教室的第一间落地学校，3年时间，这所学校成为湖北省乡村信息化教育排名第一的学校。让我印象深刻的是一个叫小尤的孩子，之前他是全班倒数第一，未来教室建成后，他的兴趣和专长被充分激发，成为未来教室的科技小老师，两次获得国家编程类赛事大奖和"恩施市长奖"。现在，他成为恩施职业技术学院信息技术专业的学生，而龙凤中学也成为湖北省农村中学科技馆建设积分排名第一名。小尤不是个案，陆续建成的未来教室点燃了很多像小尤这样的欠发达地区孩子的无限可能，他们斩获了150多个国家级青少年科技类赛事奖项。而未来教室项目也升级成腾讯智体双百计划，成为"腾讯未保4.0"的有益探索。

可能很难有人有我这样一份幸运，在漫长的工作中也能与学生时代的自己产生某种关联，能把过往的经验应用在工作中的同时，也能用自我的突破与成长，向自己的青春致敬。

 ## 青春的回响

2019年，是"魔法教室"成立10周年。在学弟学妹的邀请下，我回到了学校，与一代代"魔法教室"志愿者共同纪念这个属于我们的特殊日子。看到一张张青春的面庞，我内心不由得感慨：在助人之路上，我们得到的个人成长、友谊、经历、回忆、内心富足远远多于我们的付出。

开启"魔法教室"建设的时候，困难重重，有一次傍晚，坐在恩施清江边的麻辣烫摊边，凉风习习，黄俊对着我和朱蕾、王小兵感慨：想想10年后，我们有了孩子，如果"魔法教室"还在，我们可以带着他们去看一看，告诉他们在我们年轻的时候做了一件多么有意义的事情。

在"魔法教室"10周年的这一天，在朱蕾的倡议下，我们4个人和2010年志愿者陈冬玲共同捐建了一间"魔法教室"。10年过去了，我们都结婚生子，5个家庭10个人全都毕业于武汉大学，甚至有孩子也入读武大附小，因为有这样一份共同的经历与记忆，毕业后我们依然保持着联系和对彼此的牵挂。

因为疫情的原因，这间教室3年后在恩施屯堡乡马者小学建成。也在这一年，我在"魔法教室"漂流瓶的邮箱里收到了一个陌生女孩儿的来信：

今天偶然看到"魔法教室"相关报道，不由得热泪盈眶，想给你们写一封信，来感谢十多年来所有的志愿者，对大山里孩子的关注。我仍然记得彩色的"魔法教室"建成时我们好奇的样子，还有将愿望写好装进瓶子的场景。于我而言，这间教室承载了我的童年，我的梦想和我的未来。在这里我见到了很多"稀奇古怪"的从未见过听过的东西：先进的多媒体技术、丰富的书籍和各类学习用品，更有支教老师带来的多样学习方法、课堂形式。在这里，我写下了想要穿漂亮裙子的小愿望，也写下了想要走出大山去更广阔世界的大理想。就是在那一刻，我相信知识会改变命运，我可以去到外面的世界。今年我大四，就读于成都一所"双一流"大学，虽然与小时候的梦想相比，没有完全实现，但是走出大山去看外面的世界已经实现。感谢那间"魔法教室"、感谢支教老师，梦想的力量是无穷的，也无法想象。

是呀，教育本来就是一次漫长的等待，感谢这个素不相识的小女孩儿，穿越了10年的时间，让我们知道一颗小小的种子，真的能开花、能发芽！

而一直以来，我们守护孩子的梦想，武大守护我们的梦想，想起2009年大山里的魔法教室成立的时候，我们给团队起了一个名字"梦想花开"……

华为『天才少年』的

执着与求索

周满博士毕业时在武大校门牌坊前留念

周　满 ···

　　1993 年 4 月生，湖北麻城人，中共党员。武汉大学计算机学院
2012 级本科生、2016 级硕士研究生，国家网络安全学院 2018 级博士
研究生。长期关注以移动终端为载体的各种新颖身份认证和感知通信系
统，并研究其中的安全问题，在相关研究方向取得重要成果，发表多篇
顶级国际会议论文和期刊论文，作为队长 2 次获得研究生移动终端竞赛
全国一等奖。曾获评研究生国家奖学金 4 次，国家网络安全奖学金，武
汉大学学术创新一等奖，武汉大学优秀研究生标兵 2 次，入选 2021 年"华
为天才少年计划"。现任华中科技大学网络空间安全学院副研究员。

从 2012 年到 2021 年，我在武大度过了漫长而美好的学生时期，完成了从学生到教师的身份转换。在毕业季，我背上行囊，离开了成长九年的珞珈山，以另一种方式守望她。回想这一切的起点，我试着感知在九年的时光里，武大是如何塑造了我的品格和精神，让我拥有了最朴素的理想，也长出了最坚硬的外壳。

 ## "天才少年"

我在武大读书时，并不是活跃在各种校园活动和组织里的"风云人物"，大部分时间在实验室和自习室度过，埋头科研是我的日常，除了有时候比赛获奖，一般不会在校园媒体上抛头露面。而我的名字被很多同学听说的时机，应该是临近博士毕业的时候，我和同校另一位同学双双通过了华为"天才少年"计划的选拔。这也是该名单上第一次出现武大的学生，不少校内外媒体转载了这条信息，我也陆续接受了一些采访。对我个人而言，这的确是一个值得自豪的成就，甚至是一枚足以珍藏的勋章。因为不论从事什么工作，能得到权威的认可，对自信心的提振都是非常大的，这让我更有理由坚持我的选择，更有力量继续奋斗。

"天才少年"计划被大家知晓的一个重要原因是华为开出的可观薪资，企业以高薪网罗人才的策略很常见，但身在其中的人如果撇开浮华，看到的会是真正的挑战，知识是无价的，种种难题蜿蜒出一座精巧的迷宫，等待着我们去探索。华为打出的口号一直是专研世界级课题，我们青年学子也应该尝试从伏案书斋转向实干，利用强大的平台和丰厚的资源去攻克科技难关，推动科技创新和科学进步。华为从 2019 年启动"天才少年"计划开始，受邀者就强者如云，他们都是在科研方面有所建树的名校学子，经过激烈角逐，每年只有不足 10 人通过选拔、拿到合约（offer）。除了竞争对手的优秀，选拔的难度还体现在高度专业化和精细化的面试环节，我总共经历了七轮面试：简历筛选、笔试、初面、主管笔试、部长面试、总裁面试、HR 面试，层层筛选，每一个环节的考核标准都非常严格，这些要求任何一场都不能掉链子，否则前功尽弃。从接到邀约的那一刻开始，这一切都让我备感压力。但随着一轮一轮地推进，我的信心不但没有受挫，反而随着面试官的肯定和自我的肯定，变得更加强大了。华为面试官的专业程度很高，他们非常善于甄别候选人是否符合项目要求，每一场面试都相当于一次针锋相对的技术交流。即使最终通过不了，也受益良多。抱着这样的想法我很快地放松下来，应对自如。华为的企业文化中有着尊重人才的底色，只要你具备足够的硬实力和软技能，就能一步步稳扎稳打去实现自己的价值。这也是我求学路上一直遵循的原则，是武大的老师和前辈们教会我的求知公式。

现在去回忆得知入选的一刻，一切都还历历在目。我记得那天我第一时间给家人打电话告知喜讯，一直生活在农村的父母几乎不敢相信这个消息，我还告诉了平时给我提供指导和帮助的几个老师朋友，他们都由衷地祝贺我。后来我才反应过来这也是我们武大第一次有学生入选，自豪的分量就更重了，能和母校分享这份荣誉，喜悦的情感也是翻倍的。当所有的情绪平复，光环褪去，这份 offer 切切实实变成一个职业选择。就这样，横亘在我面前的毕业季抉择中，多了一个弥足轻重的选项，是进华为开拓新事业，还是去高校继续我的研究呢？我陷入了抉择，脑子里不断回响着普希金的那句诗"树林里分出两条路，可惜我不能同时去涉足"。很多人也好奇，最终我为什么放弃华为的高薪工作，选择进入高校成为一名青年教师，当年站立在人生岔路口的我也像今天一样，从迈入大学的那一刻回忆起，去寻找属于我的答案。

青春抉择

2012 年夏天，我从湖北的一个小村庄来到省会武汉，进入武汉大学信息安全专业，在珞珈山脚下开启我的人生新征程。高考结束报志愿时我并没有想太多，之所以选择这个专业，为的是一个世俗不过的原因——计算机类专业的就业状况比较好，信息安全专业的发展前景也很广阔，大概率可以给我带来一份高薪工作，能够尽快改善我的家庭经济条件。这些专业相关的信息来自我的小舅舅，他在大学执教，给了我很多有价值的建议和帮助，也影响了我日后的道路选择。

但说实话，我在上大学之前没怎么接触过计算机，更谈不上感兴趣，只是物理和数学成绩都不错，对学好信息安全有信心，就顺势填报了这个专业，做出了一个稳妥的选择。此后我的人生也被引入未知的全新道路，我带着对大学生活的期许迈入武大校门。

和多数大学生一样，在刚开始脱离高中高压学习状态的时候，我立刻体会到一种前所未有的松弛感，除了每天认认真真听课之外，就回宿舍看电影刷剧，或者去逛街、骑行。因此，我大一的成绩普普通通，只能保持中上水平。关上教务系统的查分页面，我突然觉得有些索然无味，日子流水一样过去，我在日复一日三点一线的生活中感到了迷茫期的震颤，和很多同龄人一样开始频繁地思索"意义"二字。那时候还没有"小镇做题家"这个说法，但我可不就是从小城镇埋头做题考上名校的吗？来到武大的同学都很努力，但小镇的成长经历也确实困住过我，升学的压力让我没有时间精力去畅想我应该拥有怎样的人生。但如果我继续随波逐流度过庸碌的大学生涯，那么这些思考都将毫无意义，且会在将来的某天化作痛苦。所以不论如何都应该先厘清眼前的状况，不随大流，利用现有的一切去找准自己的路。而顿悟真的就是那一瞬间的事：我为什么要随意挥洒人生仅此一次的青春和来之不易的学习机会呢？发光的方式有很多，总要试试看。

大一刚开学时我被"百团大战"的热闹吸引，去面试了感兴趣的社团，不过因为没有什么经历而难以有所表现，没能入选，算是一点小小的遗憾。但为我大二期间能够全身心投入科研留下了充足的时间，也让我隐约意识到，比起活跃在纷繁多彩的学生工作，我或许更擅长追求冷静和细致的科研。正是在这个阶段，我遇到了我后来的导师王骞教授，那时王老师正在给我们上一门专业课，我对他的研究方向产生了兴趣，提出了进实验室学习的请求。王老师对工作有着高标准严要求的态度，这培养了我精益求精的学术品格，为我在学术道路上走得更稳更远打牢了基石。之后我在王老师的指导之下逐渐成长起来，也做出了一些成果，这些认可鼓励我继续在这条路上走下去。2015年，我读到发表在无线网络国际顶级会议 ACM MobiSys 2015 上的两篇论文，都是使用隐蔽的屏幕照相机通信的方法消除附加信息和视频内容之间的资源占用矛盾。然而这些工作存在一定的局限性，我想到视频中同时含有声信号，和可见光相比，声信号在此应用场景下具有特殊优势。这个想法形成了一篇论文的雏形，经过不断地完善，我首次提出利用声信号代替可见光解决这种应用需求。后来这篇论文在ACM MobiCom 2016发表，突破了武汉大学在这个无线网络国际顶级会议零的纪录，也算是我第一次用个人的奋斗为母校的光辉添了一点彩。

九年间，我不是没有遇到过难以突破的瓶颈。遇见瓶颈在科研工作中相当正常，也很磨炼心志，好在每次都能在老师的鼓励之下走出迷津战胜困难，迎来一片柳暗花明。这也是科技的魅力之一，构想—实验—无数的失败直到成功，无数的不确定直到确定，整个过程一遍一遍荡涤我内心的浮躁，让我一步一步走向成熟，这是在武大的求学时光带给我最珍贵的礼物，而我想要把它传递下去。

随着拨开迷雾，脚下的狭路变得平直宽阔，我能够更加从容地审视我所热爱的事业，也有余力去追求一些现实之外的意义。在人生初始就立下远大目标并为之奋斗的人毕竟是少数，理想这样宏大的概念于个人而言并不一定深刻久远地存在，但至少可以追寻，可以试炼，可以奋力攀爬，理想或许就在一次又一次的行动中变得清晰。我现在主要的研究领域是移动安全和智能系统安全，我的使命就是不断挖掘移动终端和智能系统中的安全漏洞，并提出相应的解决方案，从而保护移动终端上用户财物安全和个人隐私，为大家能够生活在一个安全的信息社会贡献力量。因此除了自己努力之外，我也希望能够培养一批真正热爱科研、脚踏实地的学生，这是一件值得我奋斗终生的事。尽管毕业季时华为提供的也是一份具有挑战性、发展前景非常好的工作，但经过数次权衡，我觉得自己还是更喜欢也更适应高校纯粹的科研环境，让我可以静下心来做研究，教书育人，吸纳更多的青年人才投身这项意义重大的事业当中。

理想之路

十年一纪，在武大求学的日子占到我目前人生将近1/3的时光。直到现在，我也没有离她很远，就在被武大学子戏称为"隔壁"的华中科技大学工作，是网络空间安全学院的一名副研究员。

自 2021 年入职以来，我努力完成从学生到老师的身份转变，无论是工作量还是工作难度都很有挑战性。首先是持续的科研创新，指导学生完成科研任务，帮助他们跨越障碍、突破瓶颈；另外也要讲授好专业课，我需要阅读大量文献、认真备课，向有经验的老师们学习，争取兼顾好课程内容的严谨性和趣味性，让学生"听得懂、乐意学"。我在武大读本科时上过任延珍老师主讲的一门专业选修课"信息隐藏"，课程的主要内容就是将某一机密信息秘密隐藏于某公开载体中，然后通过公开媒体来传输隐藏的机密信息，这体现了人类高级智慧的信息安全斗争技术和艺术。这门课程对我发表在 ACM MobiCom 2016 的那篇文章在思想上有相当的启发作用，所以我非常清楚一门优秀的课程对学生的影响有多大。现在我在学院开的课程之一就是"信息隐藏"，如果有学生能像我当年一样，因为我的讲授而在科研方面有了一些进展，就是对我教学工作的最大褒奖。在和学生们相处的过程中，我也感受到"00 后"不同于我们这一代的面貌，他们在工作中都很活跃，思维能力强，动手能力也不错，看到他们不断成长也是值得骄傲的一件事。我也希望他们能再接再厉，积极思考、多多实践，师生之间教学相长，共同前行。

要说压力当然是有的，但这也代表着动力，我的职业生涯刚刚起步，还有很多新的想法等待实现，如果未来能顺利转化成各种技术和方案，应用到现实中来，为我们的生活带来一些积极改变，就是我最开心的事了。我始终认为科技的发展是利大于弊的，科技是第一生产力，智能终端的发展促使人们过上更丰富、更便利的生活。虽然它存在一些潜在的弊端，但正是在无数科研工作者的共同努力下，旧的问题被克服，新的问题又涌现出来，才推动科技迈向更高水平。比如我正在筹备的一个新方向——智慧医疗设备安全，就具有很大的研究价值和很强的现实意义。目前我国医疗资源分布不均衡，大型医疗设备十分昂贵，导致检测费用很高，给很多患者带来了沉重的经济负担，智慧医疗可以在一定程度上缓解这种困境。举一个简单的例子，在智能手机上安装一款App，放在胸口，即可实时记录心电图数据，那么为了保证数据的可靠性和保护患者的隐私，这其中的安全问题就值得去深入研究。

类似的好的构想有很多，但成果转化问题其实是目前我们整个领域面临的一大挑战。一直以来，我都致力于实用性研究，但我发现计算机类的学术成果在实际转化过程中的难题实在太多了。一方面是工作的复杂性，我们作为研究者既要懂技术，还要多和企业沟通，了解产业需求和技术工程化途径，甚至还要精通相关法律法规，非把自己武装成"六边形战士"不可；另一方面是态度，学界一部分人的想法仍然停留在"唯论文"阶段，以发"顶会顶刊"为最终目的，缺乏做成果转化的动力。不过即使困难诸多，我也从未动摇自己的理念，会坚持投身实践，为保护个人的数据隐私而努力。这也有赖于我对大环境的信心，虽然我国公民的个人隐私保护意识还稍显不足，但官方在国家网络安全方面已经作出了大量新的努力，关键信息基础设施安全保护体系和能力显著增强，网络安全政策法规体系也基本形成。我们作为青年研究者就需要不断为这个庞大的架构添砖加瓦，共筑安全的信息社会。

行路至今，我惊觉自己已经有了如此之多关于我们社会的思考和使命感。这当然和我们专业的特点有关，信息作为一种资源，它的普遍性、共享性、增值性、可处理性和多效用性，使其对于人类整体具有特别重要的意义。但我的知识体系和思维方式的形成，大部分是在武大完成的，我在这里找到了热爱的事业，并且一步步探寻到它的终极价值是一种蕴含着深度人文关怀的技术道德，为此而执着求索的人生，也是幸福的。

武大的历史已经来到了第130年，在珞珈山学习的9年对这样一所老校来说并不算长，但却给了我很深的烙印，每当天气晴好的时候行走在华科静谧的青年园，和我学生时代在东湖绿道疾驰而过的单车轮、武大桂园操场夏夜的灯火、樱顶飞扬的琉璃檐角重叠在一起，构成过去和未来的注脚。

如果要我对尚在求学的学弟学妹们提出什么建议，那我想说，人生理想是可以用实干的精神来树立的，是可以通过坚守一个确定的目标来实现的，真理面前没有所谓的天才，在路上越专注，自我的价值也就越明晰。新的挑战会不断出现，在信息时代的潮流中逐浪，我殊为有幸，在追求真理的路上奔跑，我永不止息。

献身国防是不变的青春本色

邓文本科毕业照

邓　文

1997年11月生，广西桂林人，中共党员，武汉大学遥感信息工程学院2015级本科生，现为国防科技大学电子科学学院博士研究生。在校期间积极承担升旗以及军训带训任务，先后参与了115次升旗任务以及3次军训带训任务。作为通信领域的军校研究生学员，多次参与国家与国防重大项目。曾获评全国研究生创新实践之星、"四有"优秀学员、嘉奖、强军奖学金、国家奖学金、武汉大学优秀毕业生、武汉大学十大珞珈风云学子、武汉大学榜样珞珈年度人物、武汉大学党员之星、武汉大学优秀国防生、武汉大学优秀学生干部等荣誉。曾任国防科技大学研委会主席、国防科技大学新媒体中心主任、武汉大学国防生模拟营营长、武汉大学龙舟队队长、武汉大学帆船队队长、武汉大学遥感信息工程学院本科生党总支副书记、武汉大学新生入学军训教官、武汉大学国旗护卫队队员、班长等学生职务。

2015 年，我以一名国防生的身份进入武汉大学，2019 年本科毕业后进入国防科技大学继续攻读博士学位，成为一名真正的军人。我的经历看起来似乎一切都是那么顺利：专业排名第一，获国家奖学金，获评 2017 年度"十大珞珈风云学子"，推免硕博连读……然而，荣誉的背后是努力和付出，饱含着辛勤和汗水。青春只有在奋斗中才会闪光，青年也只有在拼搏中才能更快成长。

认清自我　学会取舍

相信不少同学刚踏入大学校园时，都曾因各种各样的机会和潮水般涌来的海量信息而感到无所适从。刚离开高中的我们，对大学生活充满新鲜感，总希望抓住机会提升自己。我也不例外。大一的时候，我利用一切时间，尽可能多地参加各种活动，不仅担任国防生骨干，还参加了学生会、龙舟队以及学院的一些社团。

刚开始，我对这一切都感到那么新鲜，对所有的活动都充满了热情。但随着时间的推移，国防生训练强度越来越大，课程学习任务越来越重，各个社团的活动时间间隙很短，甚至有些活动时间互相重合。我在各个活动中来来回回赶，只能利用中午和晚上的休息时间完成任务，虽然最后都勉强"交差"了，但是得到的反馈都是负面的：训练任务没完成，体能测试没达标，活动策划没写好，上课犯困睡觉，课程作业草草应付……本来我一直心心念念要参加国旗护卫队，但在第一轮选拔中，因疏于准备，力不从心，早早就被淘汰了。这次"折戟沉沙"对我的打击很大，自以为有十足把握的事，却因为自己的麻痹大意而错失机会。忙忙碌碌过完大一第一学期，期末考试成绩出来，更无异于"当头一棒"，看着周围同学的绩点，我对自己的表现感到非常失望。明明自己很努力地去做好每一件事，最后却得到一个糟糕的结果。

青年人往往想把握各种机会，想把所有事情都做好，想法无疑是好的。但是，一个人的精力是有限的。或许我们真正的失败不是追赶不上那些起点高的同窗，而是被盲目努力的自己束缚住了前进的脚步。做事要全力以赴，而前提是认清自己所爱，以及自己的优势和局限所在。缺乏清晰的目标，什么都想抓住，最终容易竹篮打水一场空。

初入大学时一次次的失利、一次次的打击，教会我做减法，促使我认真思考自己最热爱、最渴望的是什么，认准它们，然后脚踏实地，风雨兼程。我没有停止对内心的审视和对外界的探索，但后来的三年半时间，我在武大只干了四件事：学好每一门课程，练好每一项军事技能，完成好每一次升旗，划好每一船桨。最后的结果于我而言也是幸运的，我成功拿到了国家奖学金并获得研究生推免资格；在毕业军事技能考核中取得了全优成绩；圆满完成每一次升旗任务；入选龙舟队主力成员，代表学校出战。更幸运的是，我还是"十大珞珈风云学子"评选中第一个本科三年级学生。

武大四年本科求学的经历，直接影响了我的研究生学习生活。刚进入研究生阶段时，大家都在思考如何更快更好地取得研究成果，这会促使我们选择一些热门的研究课题，但同时也容易让我们忽略了自己的初心。

我刚入学时，看到师兄师姐们在朋友圈分享的论文成果，就早早选择了一个当时热门方向的课题，认为这个课题更容易入手，更便于出成果，就一头扎进了文献调研与仿真复现的"充实"时刻。这里的"充实"为什么要打上引号？原因是我当时并没有认清自己博士课题需要做的是什么。经过一段时间的积累后，我在组会上作了汇报，导师虽然对我的效率表示肯定，但也指出我有些浮躁，对自己所处专业的应用背景不够了解，所构思的方向不具备行业应用价值。

得到这样的评价，我很气馁，但心里还是暗暗较劲：别人不都是这么做的吗，为什么到我这里就没有价值了？后来的小半年，我还是按照自己的想法做课题。导师看在眼里，并没有直接阻断，而是让我到实际应用单位去亲身体会。因此，临近寒假过年，我被"发配"到应用单位将近两个月。那段时间我跟着两位工程师学习，全面了解行业的实际需求、现有方法的不足等，我很感谢他们的耐心帮助。回到学校后，我重新对课题进行了总结，不仅得到了导师的认可，更是说服了自己，而这也成为我现在的博士课题。

与本科阶段相比，研究生面临的情况会有所不同，但有一点是不变的，那就是自己所热爱的东西，也就是我们的初心。所以，我们一定要认清自己，不仅仅是认清自身的能力，更是认清自己的身份。而对于我来说，作为一名军人，

"携笔从戎，献身国防"始终是青春的本色。

 追求卓越　精益求精

"发力不对，注意蹬转起，腰部发力"，这是我在龙舟队训练时，教练拿着扩音器在岸边反复强调的技术要点。从我入队到毕业，教练对我的技术动作完整性始终不满意，为此还为我们几个队员单独开小班，早上我们提前半小时进行"徒手发力"训练，下午结束训练后再回到"荡桨池"加训半小时，如此在岸上反复练习了将近两个月，我们一直不被允许上船进行水上训练。

划龙舟，培养"水感"非常重要，而这是需要大量水上训练的。看训练录像，我们觉得自己的整体动作已经符合技术要点，为何因为个别细微之处达不到要求就不让我们上船？为此，我们拿着训练录像找了教练好几次，但教练并没有理会我们，只说了一句"还差火候，再练"。我们很难理解教练的良苦用心，只好满腹困惑地继续在岸上练习。"立桨""蹬转起""提桨"，我们就这样每天重复着这三个简单的动作。

两个月后的一次队内比赛打消了我们的疑惑。我们以为很久没有上船进行水上训练，成绩肯定会不理想，但最终我们的船却打破了当年 500 米的训练纪录。赛后进行总结时，比照两个月前的视频，清晰的对比给了我们答案：看似枯燥简单的岸上徒手和"荡桨池"训练，使得我们的技术动作完整性大大加强，也更加稳定。

武大用点滴细节践行"工匠精神"，教会我们不做"死读书先生"，不当"差不多小姐"。我们就是在这种日常中耳濡目染，潜移默化，培养起追求卓越、止于至善的品格。

来到国防科大，我是跨专业攻读博士学位，也就是说，我和同专业的同学相比，缺少四年本科的专业知识。而研究生课程需要以本科的基础课程作为支撑，因此，我刚开始处于完全听不懂专业课的状态，只能逼着自己课后加班补习。加之刚进入军校生活节奏突变，那段时间真是非常难熬。非常幸运的是，我遇到了一位很耐心的室友，在他的帮助下，我在补习专业课程的路上少走了很多弯路。对于通信专业来说，"基础不牢，地动山摇"真是一点不假，一点点的不细致，最后的结果就千差万别。我硬着头皮一点点地啃，一直持续到2020年上半年硕博连读的课程结束。

接下来就要确定课题方向，为论文开题做准备了。当时实验室承担的一个项目，面临着解决低信噪比、异步非平稳强干扰等复杂电磁环境带来的一系列难题。我想去挑战却又信心不足，因为这个方向需要坚实的专业基础知识，当时只有一位师兄在做这方面的工作，而他从本科就开始了。我找到导师黄知涛教授商量课题方向，他是国内电子战领域著名专家，我至今清晰地记得他的建议："你虽说不是科班出身，但数理成绩很扎实，要相信自己，大胆地去尝试。"于是，我兴致勃勃地开始尝试。

没想到，这一试，就是整整一年半。我勤奋地工作着，啃着对我来说晦涩难懂的专业知识，反反复复查阅资料，而这仅仅是补习专业知识的过程。实验室唯一同方向的师兄2021年毕业了，这让原本毫无头绪的我更加迷茫，只能按图索骥，先从师兄的博士论文入手，又下载了学术期刊发表的相关论文，慢慢研读。由于缺少本科专业基础，那些包含大量专业词汇的英文论文我读起来很费劲，需要经常翻阅词典，几个月下来还是似懂非懂，进展不大，更谈不上什么新发现。这使我感到很挫败，很沮丧。我认识到科研的不易与艰辛，看着周围同级的同学一篇接一篇地发表论文，我有些坐不住了，有时甚至寝食难安，开始怀疑自己的能力。

虽然很气馁，但凭着年轻人的一股"轴"劲，我没有轻言放弃。经过一段时间的挣扎，我开始调整策略，首先向老师和师兄师姐了解了几个最相关的方向，收集整理了近五年相关的博士论文和权威期刊中的论文，按照大类方向进行分类梳理。虽然工作量大，但毕竟找到了方向，于是撸起袖子，鼓足干劲，埋头苦干。接下来的几个月时间，我除了出差就是待在实验室。终于，研究方向逐渐拨云见雾，豁然开朗。

从一开始不知道信号处理究竟要干什么、重点在哪里，经过一段时间的摸索，我慢慢了解了这个领域的子方向和研究热点。更可喜的是，放在一个相对长时间的区间来看同行们研究重心的变化，我还能看出研究热点、研究方法的变迁。

在半年左右时间里，配合大量中文文献的阅读，我已经熟悉了自己所要研究的领域。其间所做的笔记，最后整理成了这一领域最新的综述文章，这也是我学习历程的记录。

从最初的不适应、焦虑和迷茫，到最后项目大获成功，我为国防建设贡献了自己绵薄的力量。这个过程无疑是一个充满挑战的成长旅程，每一步都是踏实前行的结果，我所感受到的进步和成果是实实在在的。

事无巨细，精益求精，这种为学态度是你我走向社会，在工作中应该秉持的作风，也必将成为我们人生宝贵的精神财富。

砥砺前行　青春无悔

成长在珞珈山下，身着一抹军绿，肩上多了一份责任和担当。大学四年间，我圆满完成了115次升旗任务，不惧酷暑严寒，认真走好每天317步升旗路，护好每一班国旗。迎着朝阳冉冉升起的不仅是五星红旗，更是珞珈青年不变的信仰。

我还承担了军训教官任务，是三届新生入学军训教官、两届武珞路小学军训教官、两届武大外校新生入学教官、一次部队基层见习排长。我与新生同吃同住同训练，在摸爬滚打中与他们一起砥砺前行。我积极组织参加武珞路小学军训辅导员计划、武大外校国防教育讲堂、武大外校新生入学军训等志愿活动，四年中义务授课30余堂，从基本军事常识到当前国家安全形势，围绕多个方面进行深入浅出的讲解，为中小学生认识国防、认识军队打开一扇门，让"爱军拥军"的种子根植在每一个孩子心中。

志存高远，坚定理想信念，激扬强国强军的青春梦想，是我"携笔从戎"的初心。不忘初心，才能不负新时代。我坚信我们点点滴滴的奉献和作为，会照亮国家和民族砥砺前行的路。

学生时代，我有幸接触到很多优秀的老师和学生工作者，他们都是践行者，用实际行动教我用爱做人、用心做事、用担当不负时代所望。能够与他们一同前行，我满怀敬意，深感荣幸。

大学里那些快乐的经历，都变成了难忘的回忆。武大对学生的关爱可以说无微不至，远到未来深造，近到生活品质，学校都为我们想到了、做到了。我还记得梅园食堂的变化，2015年那会儿，梅园教工食堂人比较多，旁边的学生食堂却无人问津，大家还抽空跑去信息学部吃饭。有时下晚课回梅园的路上，我也会去信息学部一食堂吃顿小龙虾烤串夜宵，那种快意畅然至今历历在目。梅园食堂后来经过改造华丽亮相，不仅又便宜又好吃，而且环境优雅，成了校内"网红"食堂。而信息学部不仅食堂吸引人，求真务实的学风更是有口皆碑。6院士20多年同上一门专业基础课，执着坚守，薪火相传，严谨治学的风气代代传承。

在国防科大也有很多难忘的经历。2021年春节，疫情吃紧，全校师生接到原地过年的命令，我们大多数人是第一次在外集体过年，在学校历史上也是第一次。回家团圆虽然按下了暂停键，但我们的大家庭同样温暖。那时我担任学校研委会主席，参与了多项保障任务，也深切体会到了学校对学生的关怀。一堂思政课、一份新年礼包、一场综艺晚会、一台喜剧演出、一场焰火表演、一次游园会、一场草地音乐节、一批贺新春电影……一系列活动营造出一个喜庆氛围。图书馆、游泳馆照常开放，食堂伙食花样翻新，春节假日免费供餐，导师全程在线指导……我心安处便是家。这个特殊的春节，我们很安心。我们从不同的地方走进国防科技大学，其中有在科大完成四年本科学习的直升学员，有来自各个地方院校矢志强军的国防生学员，也有经历了一线部队锤炼来学校深造的在职学员。纵使人生经历不尽相同，有口音的差异，有年龄的差距，可"团圆"带给我们的触动却是相似的。

青春因磨砺而出彩，人生经风雨方成熟。于我们而言，这既是一次提高思想觉悟、坚定价值追求的精神锤炼，又是一次磨砺心性品质、强化自立能力的宝贵机会；既是身处军营熔炉加钢淬火的难得机遇，又是与全国人民同舟共济、共克时艰的生动实践。作为新时代军校大学生，战胜自我，是我们成长路上必要的磨砺；顾全大局，是我们应该具备的胸怀和品质。

强国任重道远，奋进时不我待。愿我们踏实、纯粹的"少年感"永不褪色；愿武大"自强、弘毅、求是、拓新"的精神与我们一路相随。吾辈当胸怀家国天下，竭力创造荣光，前赴后继书写报国的精彩篇章。

智慧城市创业的
内驱力与加速度

创业中的吴冲（右三）

吴　冲 ....

　　1996 年 10 月生，贵州凯里人，中共党员。武汉大学测绘学院 2015
级本科生、2019 级硕士研究生、2022 级博士研究生。现任武汉融云科
技有限责任公司创始人。长期致力于城市信息化及智能化改造领域创业，
参与过上海、深圳、贵州省等多地智慧城市的建设，曾获评全国大学生
就业创业年度人物、研究生国家奖学金、湖北省高校"研究生党员标兵"、
湖北省"长江学子"、武汉大学十大珞珈风云学子、武汉大学抗击新冠
疫情学生标兵等荣誉。

"拂面春风好借力，正是扬帆远航时。"大学是人生新的平台，是迈向社会的重要连接点。在这个关键节点，"与祖国同行、为人民奉献"，看似遥远而宏大，其实关乎成长的每件事。当你知道你是为何而奋斗的时候，你就不会选择"躺平"，也不会盲目"内卷"，能够持续作出更有长远价值和意义的选择，能够在平凡的岗位和生活中取得不平凡的成就。唯有如此，才能在经风雨、见世面中壮筋骨、长才干，才能始终不为风险所阻，不为干扰所惑，书写更加壮丽的时代华章。

"回首向来萧瑟处，归去，也无风雨也无晴。"回望在武大的这8年，我几乎没有什么遗憾之处，可能有时会想象没有选择创业的话会是怎样，但这更多的是一种人生可能性上的遗憾。我相信一切都是最好的安排，更相信这正是我自己所选择的安排。

 掌控自我定位，把握人生航向

"鲜衣怒马少年时，不负韶华行且知。"很多高考生对自己所要选择专业的理解可能不是很深，但我入学前便是认真考虑过的，所以，和武大的相遇可能不仅是一场因缘际会，更多的是我深思熟虑的一次抉择。早在很久之前，我就对城市建设很感兴趣，更想在未来从事这方面的工作，在基建市场趋于饱和的背景下，几乎是灵光乍现地关注到了未来智慧城市建设的市场需求，特别是测绘地理信息学科在城市的智能化、精细化发展中发挥的作用将不可估量。因此，我毫不犹豫选择了武大的王牌专业——测绘工程。入学后我也不曾停下思考："我想要成为什么样的人？""四年毕业后我要收获一个怎么样的自己？""我跟其他的同学的核心竞争力在哪？"这几乎是我每天都要问自己的问题。直到大一下学期，在掌握基础专业知识后，我才了解到，比起传统的测绘技术，未来智慧城市建设更需要的是高超的计算机技术。也是从那一刻，我便着手自学编程。学习的过程是很枯燥痛苦的，印象最深的是大一留校的暑假，每天早上7点到晚上12点，我都让自己沉浸在编程的学习中，假期的宿舍楼除了宿管就只有我一个人，支撑我度过那段乏味时光的只有一个坚定的信念："不会就一定要学会，学会才能有下一步的系统开发。"幸运的是，编程能力确实给我未来的创业和科研带来了极大的助力，比如参与课题时涉及需要编程的工作，我一个人就能承担80%的工作量；再比如创业初期的很多工作，我能够单独完成，全都是依靠刚入学便开始学习的编程技能。

当然，我也不是一直都清楚地知道自己所有的未来选择，很多具体的路也是在不断行走的过程中发现的。在本科时，可能同辈们比较关注考试成绩或者书本知识，我最开始也是基于想比其他同学更强的好胜心态在学习。不过好在身处武大，仍记得老师当时对缺课的同学们说："如果你不来上课，我就默认你去做更重要的事情了。"这句话对我的影响很大，也是我第一次对武大的包容有了更加深刻切实的体会。在这之后我才渐渐明晰，被社会和市场所需要的核心竞争力才是我所追求的个人优势，便有意识地注重培育属于自己的核心竞争力，不断迭代优化，这也一步步指引我走上创业之路。比起单纯的学业时光，创业是非常有挑战性的工作。宣传报道让优秀企业家的故事在多重渲染下熠熠生辉，也让我对创业之路满怀憧憬。虽然对自己的判断充满信心，但我所学、所思、所做的东西对市场到底对有没有用，事实上也是始终心怀忐忑地在艰难的创业道路中寻找实践的答案。从最开始寻找项目时的焦虑和不坚定，到着手后发现自己的能力还是能够支撑工作的开展，甚至能够做出属于自己的价值，实现有目共睹的成绩，这对自信心和获得感的提升是不言而喻的。从懵懂地追求经济效益，到之后甚至能参与政府管理，让人民群众的生活更加便利，获得物质和精神上的双重回报。慢慢地，我热爱上了这种状态，更加确信这条路是可以走下去并且可以走好的，此时，心之所向，真正成为我的人生方向。

在这段过程中，还是学生的我要同时兼顾学习、科研和创业，很多人问我是如何兼顾的，甚至夸赞我怎么能兼顾得这么好的。毛泽东同志在《党委会的工作方法》一文中介绍了"学会弹钢琴"的工作方法，要弹奏出好的音乐，需要十个指头有节奏的配合，而不是十个指头都按下去，这就是平衡的智慧。有时，我们会面临工作与工作之间的平衡问题，"谋定而后动"，心中有"谱"，胸中有"数"，才能将平衡的砝码真正掌握在自己手里。坦率地说，学习、科研和创业，每一项想要做好都需要投入十足的时间和精力，用全部的身心去匹配其标注的代价，所以其实很难做到兼顾，必须有所侧重，而我很早便坚定选择了侧重于创业。当然这也不代表我放弃了其他方面，一方面，我投入了所拥有的全部时间和精力，不愿浪费任何一刻光阴；另一方面，创业与学生的本职本来就并不是南辕北辙的互斥关系，也可以类似于相得益彰的共生关系。创业所需要的能力也是我在学习和科研中所不可或缺的，本科时就开始接手的很多项目所需要的能力，都是我在创业过程中提前学习过的，可以说对我的学习和科研大有裨益。这也是我一直很反对从众心理的原因，每个人都一定要有属于自己的人生想法和独立思考，再围绕其竭尽全力，不要随意改道，这样才能把自己的能力培育成一棵参天大树，而不是放养成一片草丛。

 ## 安守本心，无惧风浪

　　青春是一场探索未知的冒险，青年身上最可贵的是大胆逐梦的勇气。创业的确是很难的，从独自一人成立公司，到无数次的汇报和百余张往返的高铁票，再到一个人开发项目，抵御无数次的否定和失望。一切刚开始的时候，我也不知道自己会在创业的路上坚持7年，只是选了一条路便这样一直坚持往前冲，没想到就冲到了今天。一路走来，完成了大大小小各种各样的方案项目，每个方案都不一样，每个项目都有其意义，都发挥了它的价值，所以也难以选择印象最深刻或最重要的个例，甚至每个项目都有他自己的特点，所以对每个项目，我都会保持专注和热情，我一直觉得兴趣是最好的老师。当你不喜欢一个项目的时候，你自己是知道的，同事是知道的，客户是知道的，最终的成果也必然不过尔尔。好在从创业之初，我对自己所选择的，始终保持着绝对的热爱。

　　最早我也只是在学校里围绕测绘信息化，设计测绘遥感方面工业数据的解决方案和应用。基于当时的认知，我判断在智慧城市管理方面应该能够做出比较新的东西，这也是我在市场里做的第一个项目。当时，带着想要在这方面改进点什么的想法，我独自敲开凯里市城市管理局局长办公室的门，并利用两周的时间调研摸清了城市管理局各个部门的运作情况，更确定了在传统模式下，因各个部门都有自己的巡查队伍，工作效率比较低而且成本也比较大。如果能建设独立的城市管理问题巡查系统，将城市问题情况直接通过平台上传，并分批处置，效率将大大提升。

问题抓住了，但我想要的却不只是调研，还想要"卖东西"，这就不再是能简单商议决定的事务了，其中的竞争和要求不可胜数。从项目开发之初到基本落实，处处都是可能失败的预警。最初在说服政府部门同意开发项目时，便遭到接连的拒绝，甚至我在开始汇报时都会有恐惧心理，遇到领导时把事情讲清楚都是很难的，但也只能在一遍遍的尝试过程中不断突破自己，把问题、需求落实。之后在项目推进的过程中，很多市场主体竞争这一项目，其中不乏专业化、成型化的企业，孤军奋战可能是我极大的劣势，可以说"被抢走项目"这一想法时时萦绕在我头脑里。但我能做的，也只是提升自己的服务能力，在政府从广泛选择到确定选择我的过程中，我付出比别人更多的努力。大三上学期的半年时间里，我每个月都要回贵州开展游说工作。我当时只有一个想法，这是我的第一个项目，拿下了就有可能成为事业乃至人生的转折点；可能这对别的企业来说只是一个普通的项目，但对我来说却是我的一切，所以再难再苦我也没有想过放弃。当时公司实际上只有我一个人，整个项目的市场工作和系统开发任务都是我一个人完成的。为了争取机会，我在项目签约前就已经做好了整个系统并给对方试用。最终也确实拿到了这个项目，赚到了属于我的人生第一桶金。这是我最珍贵的一段回忆，可以说对我的人生影响很大，现在回忆起来，面对那段艰辛，我甚至没有负面情绪，唯有十足的感念和感恩。

公司慢慢发展壮大之后，孤独感的痛苦便消散了很多，有一群志同道合的人一起奋斗是快乐而满足的。但可能是还不习惯与别人分享自己的工作，我总因为担心别人做不好，一个人投入了太多的精力，时间和心思也耗费太多，但最终市场的反馈和项目的效果都不算太理想，也是在这段时间里，我学会了放权的艺术。"千里马常有而伯乐不常有"，事实上团队里每一个成员都有其闪光之处和过人才能，也是在完全交付信任后，我才真正学会了管理一个团队，有了如今近 20 人的团队，一群人的努力奋斗是比一个人的踽踽独行快乐百倍的事情。

所学即所用，己身报国家

杜甫曾有诗云："安得广厦千万间，大庇天下寒士俱欢颜。"可以说这般豪迈的宣誓是像我这般出身寒门的学子最崇高的梦想。能够用所知所学回馈社会不仅是我投身城市建设的初心，也是我一直执著追求的事业。我经手的第一个公益项目早在 2020 年，在疫情形势极其严峻的背景下，我几乎分秒必争，利用 3 天时间开发了疫情防控与病情监测系统，应用到贵州省多个地方政府；之后开发的健康码，也属于国内最先设计开发拥有健康码产品（电子通行证）的疫情防控系统之一。除此之外，我还向凯里市、三穗县城市管理部门捐赠了10000 副医用手套和 240 瓶消毒液，为环卫工人提供一层温暖的防护层。虽然比起那个大时代，我所为只是微末，但也算给面对他人苦痛时总是想"能做些什么"的那个自己，聊以心灵的慰藉。

这虽然是我首次涉足公共卫生应急管理领域的公益事业，但却并非我公益的起点和终点，其实早在创业之初，我仅仅是秉持着为家里减负的想法在努力，大二开始就不再向父母索要生活费，可能这就是那个时候觉得就是最伟大的成功。但随着际遇渐长，有了能力后，我不禁去思考着承担更多责任。因为自己也是从贫困家庭走出来的，对那种因经济拮据而痛苦的经历深有感触，我便选择资助家乡的两位贫困学生，希望贡献自己的寥寥心意，帮助他们完成学业。

目前我经手的项目有一些是在地方政府有意愿后通过招投标获得的，比如参与的智慧雄安建设项目，虽然我做的只是其中一小部分的工作，但将模块做精、做好，配合大型企业打造核心部件，也已经是能让我激动万分的了。更多的项目，是我主动向地方政府推广介绍的，比如在有关深圳智慧城市的项目中，市民们通过我们开发的系统能够无障碍地反馈城市治理问题，平台累计接受反馈信息上万条。在这过程中，我们能够推动和帮助更多的地方政府去认识智慧城市建设，投身到智慧城市建设当中，进而打造更加透明合理的社会运作系统，造福一方百姓，其中蕴含的成就感是任何殊荣都无法代替的。

习近平总书记指出，爱祖国、爱人民，是最深沉、最有力量的情感，是博大之爱。"清澈的爱，只为中国"，是当代中国青年发自内心的最强音。曾任武大教务长的朱光潜先生曾这样激励学子："个人温饱以外，别无高尚理想，士当引以为耻。"武大培养的学生，必将自己的人生同民族的命运紧密相连，让人生在担当大任的青春奉献中升华。

于东湖之滨，寻心之所安

"少年辛苦终身事，莫向光阴惰寸功"，虽然一路"忙"下来，我也曾在和朋友谈到梦想时提到期望能够在 30 岁退休，从没有节假日的创业生活中解脱出来，追求一种更加平衡的生活。这更多的是一句调侃，但也有一丝苦涩。梁实秋说过："人类最高理想应该是人人能有闲暇，于必需的工作之余还能有闲暇去做人，有闲暇去做人的工作，去享受人的生活。"① 而创业的我则基本没有休息时间，将自己完全投入这项事业中。有时我却也会惆惘，人最快乐的可能还是简单的学生时代。本科时候，我会在闲暇时光和二三好友一起打篮球、踢足球，校园里大大小小的操场，可能都曾留下我们挥洒的汗水。也曾参加过定向越野协会，拿过湖北省定向越野的第五名。虽然一直住在信息学部，但学校的各个角落，都曾有我和好友们探寻的足迹，如今却连重温这些回忆的时间都屈指可数。因为工作比较忙的关系，虽然也有闲暇时间的跑步和锻炼，但工作、社交、应酬这些学校里没有而事业发展中所必需的内容，占据了我生活的绝对重心。好在我也还不算完全离开校园，上大学一开始，我比较累的时候都会到湖滨找一把空椅子坐着，望着眼前浮动的湖水，好像所有的一切都能散尽在那样朦胧的夜色中。

---

① 梁实秋.我独爱自在的人生［M］.北京：北京联合出版有限公司，2022：38.

　　犹记得时任校长窦贤康院士曾在开学典礼上说过，武大人历来就有自强弘毅的韧劲，历来就有求是拓新的风骨，历来就有敢闯善创的勇气，历来就有大美大爱的情怀。从带领师生"平地起楼台、化荒郊为学府"的王世杰老校长，到高呼"战士当死于沙场，教授当死于讲堂"的吴其昌教授，武大培养的学子，从来不是被时代浪潮裹挟前行的迷茫者、犹豫者、等待者，而要做把握时代脉搏的奋进者、开拓者、领跑者，超越时代的"永恒"，前路不孤，武大人永远在路上。

心怀善意　山海可平

何善平的故事在《珞珈青年报》上报道

何善平 ···

　　2001 年 2 月生，湖南会同人，中共党员。武汉大学信息管理学院 2018 级图书馆学专业本科生、2022 级情报学专业硕士研究生。由建档立卡家庭圆梦武汉大学，从高考国家专项末位录取到硕博连读，曾获中国大学生自强之星、湖北省向上向善好青年、武汉大学优秀毕业生等荣誉，成长事迹与武大靖等 54 位时代青年一起在共青团中央指导下的庆祝建团 100 周年新时代新青年"有为·无畏"主题展览中展出。曾任武汉大学团委基层团建指导中心副主任，现任武汉大学信息管理学院团委副书记（学生）。

其实自从《清华树洞之外，"自强"也在武大校训中》那篇随感出乎意料地获得一些反响之后，我的名字有时候会出现在不同的校园媒体上。然而置身校园，我从始至终都是一个与天下学子同忧乐共喜悲的大多数。在珞珈山上学习五年，武大以武大之精神哺养我良多，可我的诉说对武大意味着什么呢？

 ## 一路向北

2018 年，我从湘西孤身一人负笈北上。从坐上高铁开始，我一直都笼罩在弥漫的陌生感中——这是我第一次离开家乡。走过"国立武汉大学"牌坊的那一刻，我才如释重负。穿行的学生和静立的教学楼，这令我感到熟悉和心安。懵懂地随着人流入校，负责老师指导我缴费注册，但是我一个字也没听进去——因为申请了助学贷款，当时我只带了一个月的生活费，听到要缴费，一下子既紧张又窘迫。好在负责老师看出来我的局促，了解情况后便带我从绿色通道先行办理入学了，等助学贷款发放后再扣缴学费。我来武大遇到的第一个困难就这样猝然地展开，但温和地结束了。我记得当天学校还报销了我来汉的车票，并发了 500 元现金作为第一个月的生活补助。应该是报到那天之后，学院老师就注意到了我，因此还陆陆续续得到了学校很多的帮助，比如免费的军训服装、在降温前就悄悄送到身边的羽绒服。一般同学不会知道这些，因为学校在为学生做些什么的时候，往往不需要拿出来大书特书。上大学前我对经济上可能面临的窘境其实有心理准备。但在武大，获得物质帮助的同时，我能感受到学校对学生心理上的保护，只要你还想学习，那属于自己的书桌一定能够安放，不会因为物质的困苦而倒塌。

其实生活上的困难有学校的帮助，还算比较好解决的，真正棘手的是学习问题。从乡镇小学到县中，我的基础并不算好，入学成绩也是不多不少，刚够上当年武大的专项分数线。2018 年学院启动新的本科生培养方案，我们专业首次不分文理招生，和有理科背景的同学一起上编程课、高数课，当时真的很难跟上进度，那种听不懂的感觉非常无奈，甚至可以说是痛苦。那段时间我也怀疑过：自己这个"小镇做题家"到了大学真就只有被"乱杀"的份儿吗？但即使这样，我好像也从来没想过就此认输。可能是从小求学道路上的好胜心——当年如果不努力到第一就考不上武大——这种隐秘的力量推着我前行。当然，更因为我在武大遇到了指引我这段不长不短的成长之路的恩师——张琳老师。

💬 直往之道

　　跟随张琳老师读研以来，我的生活按部就班。组内每两周安排一次师生一对一交流，她会专门空出一天和我们每个人进行至少半个小时的谈话，风雨不动。把时间留给学生是一件不太紧急的事，很容易就被紧急的事情取代，但张老师说："培养学生是更值得的事情。"当我为硕博连读考核而焦虑时，更是得到了导师一如既往的支持，如同四年前与她初见面时那般的坚定。

　　和张琳老师第一次见面是在大一的"管理学原理"课上。因为我有早起的习惯，所以总是坐在第一排靠窗的位置，听课也算认真，给老师留下了还不错的印象。张老师也还记得当时的状况，她说我很喜欢笑，结课那天的合影，我连眼睛都笑没了。我自己当然没意识到，大概因为笑口常开，就浑然不觉了。改变发生在一次寻常的课堂，我已经忘了是什么样的情境让老师想起了她漫长而坎坷的求学经历，并且对我们娓娓道来——或许是十八岁的我们，又或许是求知这件事本身就有千钧重的牵挂。当时我正处于入学迷茫期，课程跟不上，状态有些浑噩，不知道哪来的勇气和信任，听到老师的分享后，我竟然写了一封信给她，没想到居然得到了耐心的回应。老师让我放下心里的纠结，先埋头赶路，有时候一抬头，风景就在眼前了。人生是一条直往之道，这是我在武大得到的又一良方。

　　我选择继续做学术，张老师是最重要的原因之一。如果还要追溯，大概是初次了解情报学，我就折服于这门学科的现实魅力。大一期间，我校人文社科资深教授马费成老师向我们介绍了情报学在我国的渊源：新中国成立之初，我国遭遇科技封锁，情报人员从事外国文献的翻译、整理工作，破除万难支持发展。

老一辈情报学家在这种特殊的历史情境中总结出"耳目、尖兵、参谋"的六字训言，这种锐气和担当给我的震撼持续至今。武大情报学一直处于时代发展的前端，置身其中的每一个情报人都殊为有幸，我相信自己将从事的工作对我们的社会意义非凡，这份责任感也值得引以为傲。社会给青年的第一个考验就是精神自立，只有扛起责任，才能确证强大而独立的精神力在自身的存在。

此行不孤

　　做学生工作，协助学校和学院为同学们服务，是我寻找到的大学生活的又一意义。这个想法源于一次考试周，当时平台课和公共课的考试时间安排相邻，都有大量背诵内容，包括我在内大家只得通宵达旦、无分昼夜。恰好那几天学院在举办领导接待日，我作为团支书义不容辞，也是抱着试一试的心态去反映了。院党委书记听到之后非常关切，在会上立即指示，教学办公室老师直接安排，迅速解决了这个问题！这意外之喜也是我对武大最深的感受之一：举措落实很快、报修很快、回复很快，被重视的感觉真的很好。可能学生工作在很多人看来纷杂琐碎又占用时间，但我却觉得这是一条为大家争取权益的有效渠道，至少在武大给我的感觉如此。在工作中我也能接触到不同专业的很多同学，我最好的朋友就是在大一"团支书培训班"认识的，大家一起办活动，互相帮助解决工作难题，"同事情"就在琐事的磨炼中一步步锻造成"革命友谊"，到现在我们的群聊还经常被互相关心的消息刷屏。

　　到研究生阶段，尽管科研更忙碌了，我也选择继续留在校团委。现在我主要协助开展学校的研究生支教团和西部计划工作，跟志愿者们打交道。他们当中走出了很多"中国大学生自强之星"，每年也都有志愿者主动前往西部。优秀的同辈有青年人共同的面貌，但每个人又有不同的成长心法，我不断地通过他们审视自己。其中最令我印象深刻的是我们学院的一位博士学长。他已经在学术路上做得非常不错了，但出乎我意料地报名了西部计划，而且选择了最艰苦的西藏基层。在了解到这一事实之前，我还闹了一个"乌龙"。那天晚上偶然刷到学长的朋友圈，他发了一组藏地风光，我自然而然地认为他去西藏旅游了，还腹诽："这么闲吗？"后来"真相大白"，自是一番笑谈，却也让我再次陷入一直都存在的思索和惭愧：我在武大接受了太多来自各方的帮助，从学校到老师、同学，但我好像只是平稳地生活，能回馈的实在太少；等我的知识能够创造价值的那一天又似乎太远，而心中的感念和目见的现实疮痍又让我如此迫切，觉得必须做些什么。

尽自己力量为社会做些什么是我一直想了却的心愿，在学校这几年拿到的奖助学金在生活上完全够用，况且我没有什么物质欲望。大一的时候住在湖滨宿舍，但我经常跑到桂园食堂去吃饭，那里最经济，二两米饭添两个菜，两块四就能解决一顿。来学校的时候家里为显得重视，给我买了高铁票，但寒假回家我还是选择硬"坐"一宿，跟妈妈说的原因一直是抢不到高铁票。这样我攒下一些积蓄，在拿到两笔数目较为可观的奖学金之后，没怎么犹豫就捐出去了。这笔钱本来就是对我"自强"的奖励，既然我的生活还过得去，不如转给先后遭受暴雨的河南和山西同胞，让他们能够扶着坚实的臂膀"自强"起来。因此，在填写"中国大学生自强之星"申报表的时候，我福至心灵，写了一句现在看来有点俗，当时还不算太流行的话："因为淋过雨，所以也想给别人撑一把伞。"当2021年度"中国大学生自强之星"的荣誉落到我头上时，我既自豪又惭愧，更添加了奋进的动力。

人生海海

我的家乡怀化地处湘西，古朴的侗寨营建了一个仿佛恒定的时空。现代人大多期待故乡永远牧歌悠扬，但生存其中的人却急需打破轮回，摆脱浪漫想象之下的真实——贫穷和失落。太多和我同龄的青年为谋生而匆匆背井离乡，其中有我幼时的玩伴。所以我能够走到今天，考上高中、考上大学，读下去，读到硕博，这不能不说是一种巨大的偶然和幸运。乡村的教育资源非常有限，过年回乡和朋友小聚，发现他们中好些人已经做了父亲，我们于是多聊些各自生活的烦恼，很少谈起童年在乡间疯跑的那些单纯的日子。就像每当说起青年人共同的理想和忧愁，我总感觉有些割裂，也再次明白我的顿悟意义重大——学校教育的价值或许正在此。从那时起，我知道我是一个不认命的人。我也一直都遇到了非常好的老师，他们从未放弃我。我是通过一次次进步才逐渐领悟到学习之用——努力会有回报，至少体现在分数上。这是一件很确定的事，尽管当时我还不知道成绩单上的数字会将我的人生引向何处。

大概我还算一个理想主义者，人生的长远目标其实是成为一名大学老师。一方面是对探索未知怀有强烈的兴趣，说得宏大一些，还是希望自己能够为我们国家的科技自强贡献自己的微薄力量；另一方面，在从小学到大学的各个阶段，总会出现几位对我特别好的老师，我也希望能够成为这样的人——我一直相信好的老师某种意义上能够改变一个人的人生，正如我的导师对我的影响。学校或许真的是这个世界上最纯粹的地方，武大除了教会我知识的尊严，也教会我永不止息地求索。在人生这条直道上我好像踽踽独行，但时至今日我所拥有的全部能量，都来自我所处的世界和我所经历的一切。武大真实地改变了我的人生，而我之于它不过是茫茫沧海之一粟。我从不觉得自己能有多么大的影响力，只是觉得我的大半独立人生都与这里相连，若是通过我的平凡笔触能描绘出这片土地和人们的半分光彩，便足矣。

 平凡之路

"生活有些方面极其伟大，有些方面又极其平凡，性情有些方面极其美丽，有些方面又极其琐碎。"沈从文在他追忆湘西乡情之作《边城》的题记中写下此句。我埋头赶路时，看到的其实是人生这条直道的伟大，抬头望世界，一切的喧闹反而最为平静、平凡——就像我最想念的还是从前每周五晚的"梅操"电影，现在已经好久没有去过了。

少时之梦 青春国防之歌

珞珈青年说
LUOJIA QINGNIAN SHUO

柳养清参加混凝土设计大赛颁奖典礼（第二排左二，阮燕摄）

柳养清 ·····························

2000 年 8 月生，山西吕梁人，中共党员。武汉大学水利水电学院
2019 级本科生，国防科技大学空天科学学院 2023 级硕士研究生。在校
期间，曾获得国家奖学金、雷军奖学金、武汉大学甲等奖学金、武汉大
学三好学生标兵。在课余时间参加科研竞赛，曾获得第六届混凝土设计
大赛团队全国二等奖、2020 年数学竞赛非数学类全国三等奖、两次深圳
创新创业大赛获得优胜奖与三等奖、"互联网 +" 大赛获得二等奖；校
级长跑接力赛团队第二名。

孩童时，我最喜欢看的就是军旅题材的电视剧。战火纷飞的峥嵘岁月里，军人们舍生忘死，奋勇杀敌；和平年代的平凡日月中，他们默默守候，无私奉献。他们的生活充满着激情与热血，用青春和生命书写着对祖国、对人民的忠诚。我从小便希望能够成为一个充满正义感的军人，用自己的青春为祖国奉献一份力量。

我从小学习武术，热爱运动。从初中开始，国防科技大学就是我奋斗的目标，犹记得高考前夕我在班级的横幅上写下国防科大时的热切渴望。

但是命运却跟我开起了玩笑，高考时的小小失误，加上眼睛近视的原因，让我与国防科大失之交臂。在家人的一番劝说下，我最终决定报考武汉大学，也由此开启了我与武大的四载缘分。

扬帆启航，勇于担当

我至今仍记得 2019 年高考成绩出来的那个夏天，全家人拿着报考指南围坐长谈的场景，一番深思熟虑后我郑重地选择了武汉大学作为第一志愿。结果如我所愿，8 月底，我怀揣着对大学生活的忐忑与向往踏上了去往武汉的旅程。

初到武大时，我惊叹于南方高耸的大树、葱郁的草木和繁茂的鲜花，但作为一个北方孩子，湿热的天气对我来说是个不小的挑战，我的内心也因为不熟悉的环境愈加忐忑。

学长学姐们的热情陪伴和贴心引导，让我放下了心中的不安。办完入学手续，领取到学生卡的那一刻，我的那点"小小遗憾"彻底释怀。正式成为一名珞珈学子，我心中不自觉地燃起了对大学生活的渴望和刻苦钻研的激情。在珞珈的大学生活，留下了许多难忘的回忆。

犹记军训时，我们顶着太阳踢正步，站军姿，一遍一遍地练习所学动作，看似乏味的训练因为同学之间的互相"嘲笑"增添了不少乐趣。教官的动作分解练习令人叫苦不迭，但是训练过后的休息时刻却精彩纷呈：唱歌，舞蹈，欢笑不断。辅导员和班主任助理时常站在场边陪我们一起训练，虽日日被骄阳洗礼却并不觉苦。

当时，我与一名男生一起担任 2019 级 5 班的负责人，在互相帮助下圆满完成了军训时的各项任务。在军训后的班委选拔中，我获得了同学们的支持，正式担任班级团支书。之后，在面向全院的年级干部选拔中，我凭借丰富的学生工作经验竞聘成功担任年级学生会副主席一职。

学生干部的工作旨在上传下达，为同学服务，而作为班级团支书，最重要的工作便是团员思想教育：团会和团活。开展工作之初，我发现单一枯燥的理论学习和分享难以提升大家的兴趣，所以我将线下活动与理论学习结合起来，通过增加一些室内、户外的活动提升大家的兴趣，帮助大家掌握知识。其中，我多次主导组织集体户外活动，如参观辛亥革命纪念馆、湖北省博物馆等，还开展了形式多样、内容丰富的知识竞答等活动。

作为年级学生会副主席，我主要负责学生会的日常事务和一些活动的组织开展，起到组织和协调作用。在任期间，我与另一位副主席协同合作，帮助主席完成各项事务性工作，精准传达年级会议精神，检查落实情况。

大二专业分流，我进入水利水电工程专业 1 班，担任学委，同时在年级担任团总支书记。学委的工作纷繁复杂，收作业、课检、学期初发放教材等，总有忙不完的事。除此之外，工作中还会遇到各种出乎意料的问题，比如领取教材时拿到的书是够数的，分发过程中却出现部分同学缺书、少书的情况。诸如此类突发问题，都需要花费时间和精力去协调、溯源和解决。在这个过程中，我不断吸取教训，完善流程，以便今后的工作更加快捷、准确、高效。团总支工作也是这样，需要及时收集团活、团会开展情况的资料，我凭借丰富的学生工作经验，也圆满完成了各项任务。

大四时，我正式成为一名光荣的共产党员，除以上两个职务，还兼任党支部宣传委员、2022 级 2 班班主任助理。这些工作培养了我的实践能力，如沟通交流、认知判断、规划执行等，也锻炼了公众号运营、文案撰写等方面的实用技能。在班助这份工作中，最难的莫过于了解班内每个学生的情况与性格，在他们遇到困难与疑惑时，给出适合每个人的解法。担任班主任助理的过程也是我与新鲜血液、年轻思想交流的过程。我将自己的大学经验分享给他们，他们也会与我交流他们的见解与认识，这何尝不是一个增长阅历的过程呢？

除此之外，我还担任水利水电学院 2019 级校友理事会理事长，为校友联络工作作出了一份贡献。

 ## 学海无涯，笃行不怠

大学四年，我大部分时间用在学习和科研上。刚进大学时，同学们免不了互相谈到高考成绩，相较于更为优秀的同学们，我的分数并不出色。当时，我就给自己定下了一个目标，不求取得多么耀眼的成绩，但一定要好好利用四年的大学时光，一步一个脚印稳步向前。于是，课余时间我便成了图书馆的常客。通过不断努力，大一第一学期的期末考试我在班上名列前茅，我最担心的英语也取得了不错的成绩；大一的综合测评中，我获得甲等奖学金和国家奖学金。

这些成绩的取得让我信心大增，于是我再次为自己设下了一个目标：在往后四年中一直保持第一学期的学习状态，严格要求自己，不能有任何松懈。

大二专业课增多，课程难度上升，我开始改变学习方法。如制订更为详细的每日学习计划，并严格要求自己做到不推迟、不拖延。当老师布置了一个大作业时，我就将这项作业的工作量合理分配到每一天，而不是等到截止日期前一两天通宵熬夜。充足的课业准备时间能够最大限度地保证作业质量，也有助于取得较好的成绩。考试亦是如此。学期末下发考试时间后，我会倒推自己需要多长时间完成一门课程的复习，然后依此生成复习计划，依照计划按部就班严格执行。这样有计划、有组织的学习为我掌握课业知识打下了坚实的基础，也让我能够在考试中达成既定的目标。

除了学习书本上的知识，我们专业还有大量的外出实习任务。在我看来，实习不是轻松的出游，而是学校为我们提供了一个将所学变所用的机会。每次实习前，我都会提前做好准备，实习过程中紧跟老师的步伐，查漏补缺，完成课堂学习，贴近实际工程。

"德不优者，不能怀远；才不大者，不能博见。"我深知作为一名理工科学生，没有扎实的知识积淀作为基础就很难有所发展，没有结合现实的实践积累就难以有所成就。青年要立大志，明大德，成大才，担大任，我们理应对自己有高标准、严要求。大二大三我秉持"向优秀看齐，努力提升自己"的想法，不断激发学习热情，始终保持专业第一的成绩。大四我依然在忙碌的实习中抽出时间，选修了一些课程，学习商业软件等，为之后的研究生生活打下基础。

"纸上得来终觉浅，绝知此事要躬行。"学好书本上的知识只是学习的开端，只有将理论与实践相结合，做到知行合一，才能更好地运用自己所学的知识。大学期间，我积极参加与专业学习相关的科研竞赛活动，如非数学类的数学竞赛、互联网＋、深创赛、自强杯、混凝土设计大赛等，这些竞赛让我在巩固所学知识、拓宽科研视野的同时，也提升了团队合作等能力。我们应该清醒地认识到，现代社会对人才素质的要求越来越高，大学生只有成为德才兼备、全面发展的人，才能适应时代的要求和社会的需要，才能为国家的发展进步作出应有的贡献。因此，我们必须不断提升自身的综合素质。

在所有的竞赛中，我印象最为深刻的是混凝土设计大赛。我和队友们是经过了初赛的笔试选拔后才完成组队的。互相还不太熟识的我们，正式组队后立马投入混凝土的拌合实操练习。正值 7 月，烈日炎炎，我们为着共同的目标一起挥洒汗水。拌合室的黑板上书写着我们反反复复的计算，铁锹和桶见证着我们的每一次失败……终于，功夫不负有心人，在经过 10 天 20 次的配比更改后，我们终于配出了符合要求的大流态混凝土。那一瞬间，多日来练习的辛苦瞬间被喜悦击散，我和小伙伴们相拥欢呼！在我们的无间配合、团结协助下，我们小队在当年 7 月底的比赛中获得了全国二等奖的好成绩。

坚持梦想，永不言弃

课余时间，我热衷于参加各种体育活动。虽是女生，我不输男儿。大一机缘巧合下，我开启了与长跑队的缘分，开始了三年长跑生涯。

2021 年和 2022 年我参加了两届校运会女子 3000 米项目，分别获得了第四名和第五名的成绩，我们学院也在 2022 年重获冠军。运动会结束后的游行活动中，鼓声一直围绕在奥场上空，"武大水利，顶天立地，水院雄风，谁与争锋"的口号声经久不绝。这样的荣耀时刻，让参与其中的我心潮澎湃。

长跑很磨砺意志，参加过跑步比赛的同学应该深有体会，前半段拼耐力，后面就靠意志。训练过程中，我无数次想过放弃，但是与体育部一群充满热情的朋友在一起，互相鼓励之下，每每感到自己重又充满能量。比赛的时候亦是如此，为了心中的信念和学院的荣誉，我从未提前"下战场"，和朋友们一起取得了一次又一次的荣誉。我想也正是这种"不言弃"的拼劲，让我与国防科技大学再次结缘。

随着大学生活步入尾声，身边的同龄人开始筹谋前路，就业、出国、读研……每个人都有自己的选择。我因为在校期间成绩优异，很荣幸获得了学院的保研名额，2022年夏天大三结束后，我便投入到夏令营和预推免的面试考核当中。

清华大学和武汉大学是两个水利专业非常强的高校，我最初的目标是先通过这两所高校的面试。凭借扎实的专业知识基础，我获得了武汉大学水利水电学院夏令营优秀营员的名额，随后又顺利通过了清华大学推免专业知识考核。

回想那段时光，我还处于一种懵懂状态，对于自己未来的方向感到迷茫，对于究竟如何选择十分纠结。在这种反复不定、难于决断中，国防科技大学始终牵扯着我的心弦。

早在6月份我便开始关注国防科技大学的夏令营通知，投身国防的热情和儿时的梦想让我一度想要尝试，却又因为专业不同望而却步。9月份拿到清华大学的初步录取通知后，心中那团小小的火焰不但没有熄灭，反而越烧越旺，我终于勇敢迈出了那一步——我要去科大！错过了科大的夏令营，我开始积极准备九月份正式推免，身边并没有跨专业的先例，而且当时时间已经非常紧张，我只能尽自己所能进行准备，内心只有一个念头——拼一把才能不后悔！

面试中，老师们考虑到专业不同的情况，问了我一些竞赛、成绩、软件使用等方面的问题，专业知识反而较少涉及。但我并没有因此而高兴，反而心生焦虑，因为专业考核是高校选拔学生必不可少的环节。面试出来，我像被泼了一盆冷水，信心骤减。然而出乎意料的是，我顺利通过了科大的面试！因为少时的梦想，我毅然放弃了清华，选择了国防科技大学。

　　对此，同学们或有称赞但更多的是惋惜。但是于我而言，国防科大是我从小的目标，在它重新点燃我理想之火的那一刻，我便再也不能忽视自己心中的热切！所以，我坚定地遵从自己的内心，为少时梦想续航。每个人都有自己的梦想，都有心灵深处的那一份渴望。有人说，人生最大的幸福莫过于实现梦想，而人生最大的挫折莫过于错过梦想。正是因为有了梦想，我们才有了努力的方向，前路才不再渺茫。我一直拥抱着少时的梦想，如今通过拼搏实现了梦想，我觉得自己非常幸运，非常幸福。

　　也许前路并不是一帆风顺，会有很多意想不到的挫折与困难，但是我会一直秉持信念，一往无前。正如那首诗歌所唱：黄色的森林里分出两条路，可惜我不能同时去涉足……而我却选了另一条路，它荒草萋萋，它十分幽静，它显得更诱人，也更美丽，虽然这些路上，都很少留下旅人的足迹。

　　很感谢四年之前的选择让我结缘武大，如果没有武大四年时光的磨砺，我可能无法迈出"冒险"的一步跨专业挑战国防科大。也很庆幸四年之后武大让我蜕变成更好的自己，助我奔赴更远大的未来。

　　武大的四年时光，我在这里扎根、生长、繁茂，这里的老师、朋友、工作伙伴教会了我很多，我的能力提升和成长进步都离不开武大的培养。虽然毕业离开了武大，但"永是珞珈一少年"的口号不是戏言，珞珈的精神根植于我的血脉，是我人生岁月中永不磨灭的一部分。

　　祝福母校越来越好，祝愿我们都拥有更加灿烂辉煌的明天！

爱国主义永远是武大人最鲜亮的底色

唐泽源跟随机关任务分队出勤

唐泽源 ···

　　2001 年 7 月生，广西贵港人，中共党员。武汉大学法学院 2022 级本科生。2020 年 9 月参军入伍，2022 年 9 月退役复学。曾服役于新疆军区某团，长期驻守在海拔 5300 多米的喀喇昆仑高原一线，多次参与执行边防管控任务。作为团宣传骨干，曾多次独立完成一线新闻报道任务，作品刊发于《人民陆军报》《解放军报》、中央人民广播电台、CCTV7、《解放军生活》等媒体。因工作突出，2021 年 12 月被评为"四有"优秀士兵并记嘉奖一次，2022 年 4 月被授予"卫国戍边"铜质奖章。现任武汉大学法学院本科生第二党支部书记，退役军人协会秘书部副部长。

　　"无论面对怎样的风云变幻，武大始终与国家民族同呼吸、共命运，爱国主义永远是我们武大人身上最鲜明的印记。"2019 年的本科生开学典礼上，时任校长窦贤康的这番话深深地印在我的脑海中，也让我内心的戎装梦再度萌动。

　　从小我的梦想就是当兵。都说"苦不苦，想想红军两万五，累不累，想想工兵教导队"，我的父亲曾是一名军人，他就是从素有严酷之称的工兵教导队走出来的，他的事迹我早已烂熟于心，也因此在我幼小的心中埋下了一颗从军报国的种子。

　　高中文理分科时，我阴差阳错地选择了文科。在高考填报志愿时，我明明知道军校招录的文科生人数较少，但还是毅然决然地填报了军队院校。遗憾的是，由于体检没有通过，我和梦想的军校失之交臂。来到武大后，学校提供的平台给了我很大的成长空间。在学习之余，我参加了院学生会珞新传媒部门，还有各种各样的活动，可我心里还是空落落的。都说"当兵后悔两年，不当兵后悔一辈子"，更何况当兵是我从小的梦想，如果不去尝试，将来肯定会有遗憾的。于是，我决定听从内心的声音，休学参军。

　　和父母坦言自己的想法后，最初他们并不赞成我的决定。他们认为时光匆匆，此刻放下武汉大学这么好的求学机会，从头开始当一名义务兵，学业上两年的空白会大大削弱将来我在职场上的竞争力。但也许是父女间"一脉相承"的执拗和军人信仰，"执拗"的父亲终究没有拗过"更执拗"的我。在此期间，我与辅导员、老师和朋友们也聊了很多，他们的鼓励使我愈发坚定。2020 年 9 月 1 日，我终于背起行囊，踏上了一生无悔的军旅生涯。

在没有边界线的国土上，我们就是祖国的界碑

　　三个月的新兵训练结束后，我跟随连队来到了有着"地球之巅"之称的喀喇昆仑高原。与早已樱花盛放、春回大地的武大校园不同，此时拥有 5000 多米海拔的喀喇昆仑高原依然严寒彻骨，稀薄的空气、30℃的昼夜温差以及突如来的天气变化是它的常态。我曾戴着防毒面具参与过新兵连的跑步训练，当时

进行得很顺利，本以为这样的高强度训练已经让我的身体做好了充分的预演，但没想到的是，再训练有素的人也难逃高海拔对人类身体极限的挑战。在这里，缺氧、掉发、失眠以及例假异常等一系列生理难题接踵而至。

不仅如此，由于山上的水含有不少有害物质，不慎饮用就容易引起身体不适。因此，我们日常饮用和生活使用的水必须每天用水车从山下拉到山上来。到了冬天，拉到山上的水车被完全冻住，连一滴水也放不出来。只有等到中午，温度稍高，我们才能进行简单的洗漱。冬天摘手套是需要勇气的，洗漱的时候我真不想把手套摘下来，双手被冻得通红不说，有时候甚至会失去触觉。如果说极端天气和生活上的不便只是高原给战士们的试练，那么真正令人战栗的就是常人都会有的普通感冒咳嗽。这些看似没有杀伤力的"小病"在高原极易引起肺动脉高压、肺水肿等严重后果，稍有不慎就会有生命危险。极端环境带来的心灵震颤让战士们感到孤独又迷茫，因此，连队里的心理卫生讲座总是座无虚席，我自然也不例外。

每当感到支撑不下去的时候，我便会格外想念父母，想念去世的外公，想念那些家人团聚的日子。2021年5月，我在部队得知外公去世的消息，当时山上还没有通网络，也没有通信信号，对外通信只能使用为数不多的几台座机。那天上午，我轮值结束，恰好给家里打了个电话，电话那头的妈妈哽咽着说外公走了。这个消息对我来说无疑是晴天霹雳，我拿着话筒愣了很久。虽然早前已经知道外公生病的消息，但想着外公上了年纪，身体难免有些小毛病，只是没曾想他去世得如此突然。妈妈说，外公去世前总念叨着要和我一起去旅行，一起去看看祖国的壮丽河山。为此我深感内疚，不仅没能和外公见上最后一面，还让他带着遗憾离开了。按照部队规定，亲人离世可以请假下山。可一想到有许许多多像我一样有特殊情况的战友，在父母辞世、妻子临盆之时都没有离开，他们的牺牲比我更大，如果我下山了，又有谁能替我站岗呢？最终，我选择了继续戍守在高原上。有一天夜晚，我看见一颗流星划过夜空，便默默在心底许了个愿：希望外公在天上好好的，我会和千千万万的中国人民解放军在这里守护好祖国的壮丽河山，守护好祖国人民。

家人的支持给了我到这来的勇气，而真正让我不畏高寒缺氧、不惧风雪考验的，是那些用生命铸就界碑、护佑祖国的英魂，还有那些继承先烈遗志、前赴后继的我们。部队里有一个传统，每一个到高原驻守的士兵都要到康西瓦烈士陵园祭奠英烈。康西瓦烈士陵园曾经是 1962 年对印自卫反击战的前线指挥所，在 2020 年"6.15 中印加勒万河谷冲突事件"中牺牲的陈红军同志、陈祥榕同志、肖思远同志和王焯冉同志就安葬在这里。穿过门柱，伫立在纪念碑前，气氛庄严肃穆，我心里默默地念着纪念碑上的 13 个大字："保卫祖国边防的烈士永垂不朽！"这里是英雄战斗过的地方，我很清楚自己身上的军装到底意味着什么，它意味着我必须承担起军人的职责，必须扛起守护祖国和人民的责任与使命，因为只有这样才对得起那些用鲜血誓死捍卫这片土地的先烈，才对得起出征前我许下的铿锵誓言。有一次，我们接到了"冲山坡"的巡逻任务。山坡之所以要"冲"，是因为缺氧缺得实在太厉害了，从山脚走上山顶的这段路我们中途需要休整好几回。好不容易到达山顶后，班长指着远处大片的荒地说："你们看，这里方圆辽阔，寸草不生，除了我们，很多年不会有人经过。但正因为有了我们的存在，这儿再荒凉都是祖国的领土，一寸都不能丢，我们就是祖国的界碑！"

班长的话分量是那样重，我的心就像在康瓦西烈士陵园那天一样颤抖。自此，我一门心思埋头苦练，誓要争当过硬尖兵。作为通信兵，我深知自己所学习的电子对抗专业在现代化战争中的重要性，谁能更快更有效地夺取制电磁权，谁就能在战场上把握更多的主动权。可是，要想真正掌握这项专业，光学习技术是远远不够的，高原的突发天气对我们的体能和速度也提出了更严苛的要求。深蹲、蛙跳、俯卧撑和腿部力量组合训练，我们不断去突破身体极限。在集体冲山头、短距离接力赛等项目中，我总是跑在最前面，因为只有这样，才能在最短的时间内提升体能素质，增强身体协调性。渐渐地，我终于可以在下雪时辨别出方向，能够和男兵一样顶风冒雪在野外架天线、打地钉，高效完成通信保障任务。而在入伍一年后我获得了"四有"优秀士兵和嘉奖，这也许就是对努力最好的回报。

有人问我后不后悔来当兵，我想说我不后悔，我甚至在日记本的扉页上写下了"遗书"——"如果我牺牲了，希望爸爸妈妈不要后悔把我送进部队。我相信你们都是深明大义的父母，我不后悔，也希望爸爸妈妈不要后悔"。后来，又有人问我到底怕不怕死。我想说没有人会不爱惜自己的性命，在生死抉择面前，犹豫是人最原始的本能反应。但是只要穿上这身迷彩，我就是祖国的第一道防线，宁可前进一步死，绝不后退半步生！正是这一份坚守和责任支撑着我、鼓舞着我，让我明白，我所守护的不仅仅是自己的小家，更是千家万户、万家灯火。

我要做出点成绩来，绝不轻易回连队

2021年5月的一天，我下了岗哨回到宿舍，指导员找到我说，希望我到机关去，从事新闻宣传工作。当时我们团是新组建的单位，新闻宣传工作很缺人手，再加上我在武大新闻与传播学院完成了大一阶段的学习，对于新闻报道方面的工作有一定基础，所以找到我是顺其自然的事。在这里，我尝到了与连队迥然不同的滋味，如果说连队的"苦"是体能消耗所带来的痛快，那么机关工作的"苦"则是精神层面的淬炼与升华。

我曾在武大珞新传媒运营与推广中心担任部委，课堂上的理论知识和实际工作的锻炼让我的写作技巧相比于其他战友更加成熟，学习能力也更强。但是刚进机关那会儿，我仍然面临着很多新的挑战。机关工作绝不是"朝九晚五"和简单的机械性重复，而是"白加黑、五加二"的工作模式，是典型的"周六保证不休息，周日休息不保证"。我白天跟着任务分队出勤，做好新闻撰写、摄影等宣传保障工作；我参与人物专访的写作任务，不断地模仿、揣摩、练笔，一遍又一遍地修改自己的文章；我还兼任军营广播员，从百年党史故事到传递基层连队温暖，在雪域高原为战友传递强军之声……为了能够尽快熟悉新闻宣传的各项工作，保证不掉队，我利用晚上的休息时间加班加点学业务，直到凌晨三四点才拖着疲惫的身躯返回宿舍，有时候甚至连周末也不休息。

长期的疲倦、业务上的困境、工作中的委屈重重袭来，精神上的压力让我几度想要放弃。有一次我向连队的战友倾吐不满："机关真累啊，我好想回连队去。"他安慰我说："想回就回来吧。"但是我转念一想，机关的同志对我这么好，愿意教我、带着我出任务，指导员把我送进机关也不是没有期待的，怎么能没做出点成绩就回去呢？武大新传人可不能这么怂！在不断地工作和学习过程中，我明白在军营从事新闻宣传工作的使命与特殊意义，就再也不提回连队的事情了。后来我的摄影作品和文章终于登上了《中国解放军报》和"喀喇昆仑卫士"微信公众号，也有越来越多人开始关注我们这群在"生命禁区"守卫祖国边疆的战士，这一刻我觉得之前的一切付出都是值得的，都是光荣的！

在采写新闻报道中，我也收获了许多感人的故事。在高原上有这样一位女军医，她行走在高原哨点为战友巡诊送药 30 年。哨所官兵换了一茬又一茬，但她始终坚守内心的选择，这种选择源自对父亲坚毅勇敢精神的传承——她的父亲在 1962 年对印自卫反击战中表现英勇，被炸断了手脚；更源自一生追随的信仰——"我要留在高原，高原需要我。"这是我曾经的采访对象——吴佳医生。又有一位来自国防科技大学的指导员，他没有选择在军校里安安稳稳地当一个军官，而是卷上羊皮褥子，跟战友一起坚守在前哨。而当他谈起这一切时，话里有梦，眼里有光，这项任务于他而言是无上的光荣。他们很平凡，也许只是父母的儿女、儿女的父母、妻子的丈夫、丈夫的妻子；但是他们又很伟大，因为他们始终把军人作为自己的第一身份，把军人的职责作为自己的第一责任，他们不计名利，不计得失，真正将热爱祖国和守护祖国体现在行动上、融入血脉里，他们是我的榜样，更是我心中永恒的丰碑。

 以身许国，青春无悔

2022 年 9 月 18 日，退伍的日子悄然而至。我本怀着雀跃的心情，期待着离开军营后看到外面新奇的世界，可当卸下军衔的那一刻真正来临时，我的心中只剩下不舍和留恋。在退役仪式上，我和同期退伍的女兵列队站成一排，班长挨个将我们的胸标、臂章和帽盔上的军衔摘下。军衔是用魔术贴黏合的，撕开的声音有些刺耳，仿佛在提醒我以后将不再是一名真正意义上的中国人民解放军军人了。我依依不舍地告别了军营，重新回到了武汉大学。

不同于部队按部就班的生活，在武大的时间是自由而充实的，但我也明显感受到了来自学业的压力，除了不断调整自己的心态适应教学节奏和校园生活，我只能用十二分的努力来弥补欠缺的知识。偶尔，我还是会怀念部队的时光。有一次，到学院办公楼提交表格时，有个朋友在背后喊我，我走得急，没注意到他，只隐约听见了自己的名字，便下意识地喊了声"到！"在九一二操场跑步时，每每看到国旗班的同学在旗杆下训练队列，我总要刻意放慢脚步，听一听那熟悉的口令声，就像回到了每周一在高原上训练队列的日子。

参军前，在武大新闻与传播学院就读广告学时，我还不是很明确自己喜欢什么，未来该如何规划和打算。高原上的日子给了我沉淀自己的机会，特别是在成为新闻报道员的那段时间里，我发现新闻于我而言更像爱好而非职业，我喜欢新闻报道的"铁肩担道义，妙手著文章"，但法律具有维护社会公平和正义的力量，这一点更加吸引着我。于是，我鼓足勇气，决定转专业到法学院，也顺利通过了考核。武汉大学的包容性在于，可以给学生不断尝试的机会，直至找到最想从事的毕生志愿。

回到武汉大学后，我又了解到很多和我一样志同道合的前辈、同学。有在大三修满全部学分后休学参军，刚过三个月新兵期就被选入侦察兵尖子集训营，在高手如云的全能尖子比武考核中摘得"兵王"美誉的龙正坤；有在服役期间荣获对印作战任务嘉奖、"精武标兵"、优秀义务兵等称号的吴秋实，返校后他担任武汉大学经济与管理学院研究生会副主席，是"十大珞珈风云学子"，无论在哪都力争成为最好的自己；还有暂且搁下救死扶伤的白衣梦、携笔从戎的李苗，即使把头发剪成了寸头，拉单杠把手指上的水泡都磨成老茧，前胸后背上热出了大块红疹子也没有打退堂鼓，她还出色地完成了央视八一建军节直播采访等文艺任务，为军旅生涯画上了圆满的句号。

我有幸与这些优秀的前辈和同学们同处于珞珈山下，成为武大校训中"自强、弘毅"精神的传承者和传播者。武汉大学素来就有"以学生为本"的优良传统，这里不仅有老师的倾囊相授、贴心周到的后勤保障服务，最特别的是给有着军旅之梦的学子提供了一系列大学生入伍优惠政策以及"退役大学生"士兵专项计划，武汉大学退役军人协会也给我们提供了一个分享经历、相互鼓励的平台。

有了这些坚强的后盾，我们才更有勇气、义无反顾地投身军营。

💬 写在最后

2017 年 9 月 23 日，习近平总书记在给南开大学 8 名新入伍大学生的回信中指出："希望你们珍惜身穿戎装的机会，把热血挥洒在实现强军梦的伟大实践之中，在军队这个大舞台上施展才华，在军营这个大熔炉里淬炼成钢，书写绚烂、无悔的青春篇章。"每年，有许多武大学子同样怀着对军营的向往，怀抱建功立业的鸿鹄之志，积极响应号召，从东湖之滨、珞珈山下的学府出发，奔赴祖国的天南海北，为国防事业奉献自己的力量。我想对正在军营中接受磨砺的同学说："不管你们现在是什么样的心态，希望你们能珍惜军旅生涯的每一步。这是一辈子都不会后悔的经历，你们如今经历的是很多人想回都回不去的青春。"而对于那些有志参军报国的同学，我想告诉你们："年轻就是资本，它给了我们很多去实现梦想的机会，如果有梦想，那就去追吧！人是越活越胆小的动物，如果现在都不敢做想做的事情，以后就更没机会了。"

"到祖国最需要的地方去！"珞珈山精神就这样乘着青年人的理想，像火种一般散落在祖国大地。我的故事不是最艰苦的，也不是最典型的，只希望读到这个故事的你能够相信：以身许国，青春无悔。

张力参加 2022 中国结构性心脏病周

在学生工作和服务基层中成为这个时代的全科医生

张　力

1988 年 1 月生，河南潢川人，中共党员，武汉大学副教授，硕士生导师，副主任医师。武汉大学 2005 级临床医学八年制专业学生（本硕博连读），毕业后于武汉大学中南医院心血管外科工作。长期致力于心血管危急重症的治疗，主持国家自然科学基金一项以及省级和武汉大学科研项目多项，以第一作者及通讯作者身份发表 SCI 论文 6 篇（一区 5 篇），其中一篇为 ESI 高引论文。曾获得第五届全国心外科青年医师技能大赛全国总决赛亚军、首届"中南青年五四奖章"等奖项。曾任武汉大学学生团委副书记现任心脏大血管外科湖北省工程研究中心副主任、武汉市结构性心脏病微创诊疗临床研究中心副主任、武汉大学第二临床学院胸心外科教研室副主任、武汉大学中南医院青年知识分子联合会副会长。

对我来说，武汉大学是个让我自然生长、从未离开的地方，与其说我是校友，我更觉得自己像是武大里的一棵樱花树，受之细心栽培，得之恩泽养育，幸而如愿成长，今在其中留有一点我的芬芳。

与其他校友略有区别，"在武大"对我来说不是过去式，而是进行时。我从 2005 年起就进入武汉大学医学部学习，直至 2013 年博士毕业。后来我也选择了临床医生作为我的毕生事业，自然地，毕业后我留在武汉大学中南医院工作至今。

当校团委的老师联系我时，我只觉得自己所做的一切都是顺其自然而已，我只是顺着命运的波澜缓缓往前。思绪闸门一开，却发现自己已然在母校的培养下、诸多老师前辈的引领下以及无数朋辈的支持帮助下，攀爬在当初那位意气风发的珞珈少年所期待的高山之中。承蒙母校关怀，备感荣幸，谨记此文，希望给正在努力逐梦的珞珈学子们提供些许我个人的心得。

爱武大，从爱武大人开始

在武汉大学的 8 年学生时光里，学生工作贯穿了我的大半学生生涯，我在 2008 年担任武汉大学学生会副主席，在 2011—2012 年期间担任湖北省学生联合会执行主席，随后的一年我又担任武汉大学团委副书记（学生）。当时网络还不如如今发达，人际交往更多地在于线下，武汉大学的医学部被戏称为"医村"，相对偏僻且远离校内其他专业学科，交际资源相对局限。武汉大学是底蕴深厚的百年学府，大学之大不在于大楼之大，而在于大师之大。因此，我所希冀的是在武大这个宝贵的平台上，同更多前辈朋辈进行接触和交流，从"人"身上学习。君子不隐其短，不会则问，不能则学。对我来说，学生工作虽繁杂琐碎且耗费精力，但它本质上也是一个不可多得的好平台，我能够借助学生工作这么一个平台从一个学院、一个学部走出去，有更多的机会了解其他的同学和老师，接触更为丰富多样的生活，打破因地理和专业因素造成的局限。比如我与邓红兵教授的友谊就肇始于学生工作期间，彼时我任学生会主席，他则是研究生会的主席，他一向非常优秀，有着比我更为丰富的经验和见解，常常引领我解决工作上的问题，我们也成为挚友，他也常指导我一同成长，至今我们依然经常一起探讨科研上的问题以及生活中的困惑，如此友谊不可谓不珍贵。

我在武大受益，也希望将芳泽传递。在 2012 年，也就是我毕业前夕，武汉大学医学部一些优秀毕业生聚集在一起成立了"武汉大学杰出医学生基金会"，致力于帮助优秀学生成长。我在毕业后当即作为第一批新血液加入进去了，今年也正好是我作为轮值主席。在这个基金会中，我们通过邀请优秀前辈参与评选答辩等活动，让这些校园中的学生在前行道路上能够有机会结识更多优秀前辈，获得更多的经验支持，这也是对当初我加入学生会初衷的践行和拓宽吧。

幸运的是，在学生工作中倾注大量精力确实使我交往了不少至今仍保持密切联系的挚友，也让我在本职工作上取得了自己满意的成绩，至少，我接好了武大学生工作的光荣一棒。不过遗憾的是，电脑丢失了两次，以至于我现在失去了不少可以用来直接回味的素材，但这些相关记忆在我的脑海中确是难以忘怀了。

举例而言，2008 年暑假我组织了一个湖北省的暑期社会实践活动，我关注到黄冈的一些留守儿童假期在家很孤单，并且也不安全。于是我组织了一个武汉大学的暑期社会实践队，把这 10 位学生安全带到东莞、广州等地，与他们的父母团聚。行动听起来似乎很简单，但整个过程中我们格外小心，也做了非常详尽的筹划，包括如何与这些孩子和家长沟通以取得他们的信任，再到如何充分地为孩子们准备生活用品和学习用品，还有如何保障孩子们的交通安全和饮食安全等。毕竟当时的交通与今日有较大差别，这些都是不容有一丝差错的。当时感觉仿若自己在小心翼翼地照顾下一代，油然而生的责任感完全抵过准备过程中的疲惫。当时活动反响很好，孩子们非常开心，家长们也很感激，活动本身也得到了湖北省内各大媒体的报道，由此而来的荣誉感也一直激励着我。

积一勺以成江河，累微尘以崇峻极。我相信所有成绩的取得，无不源于点滴日常的努力。学生工作固然占据了我大量的时间精力，但我所获的，也远超过了最开始融入校园的单纯目的。我记得有一次参加山东齐鲁文化夏令营，主办方临时邀请学生上台演讲，然而大部分学生只是面面相觑无人行动，我环视四周后便主动举手上台，当时的演讲也获得了很好的反应。临场发挥自然也是离不开我平时在学生工作中的经历经验，以及在这个基础上所思所想的。在这些时期，我也接触了很多看似形式主义的文章写作，但比起排斥，我反而觉得其中一些老生常谈的道理很有鼓舞意义，我相信这些话语之所以总被提起，正是因为其中蕴含真理之深刻、力量之磅礴。比如当时樱顶校会办公室墙上写着的"聚是一团火 散是满天星"，常听时有人内心已然波澜不惊，但对我而言，每每在自我消极、困扰、迷茫之时，偶然抬头看到墙上这句话时心里总有暖意流过，如此精神食粮总能给我很强的力量感和信念感。尤其是当下，碎片化的文化冲击和生活状态让人总是悬浮着，好像什么都看了却又无所收获。人们或许更需要一些深刻的信仰信念，发自内心地去寻找、琢磨以至完全认可，使之似柱子般巩固我们的精神世界，如此形成由内而外的热情，以及坚定的个人习惯，并驱使自己执拗地去拨开迷雾，抵达希冀的彼岸。

 弘毅博爱，心系苍生扎根基层

自来到武大起，校训中的"弘毅"便一直激励着我，指引着我成为一位更好的珞珈学子。"健康所系，性命相托"的医学分量格外之重，若自身没有足够坚实强壮便可能无法托举起生命之重。我相信时间是最公平的，万物有取必有舍，由于我在学生工作等方面匀走了不少精力，因此我在医学学习上付出了额外多的努力。幸运的是，我在武汉大学遇到了很好的领路人，我师从湖北省胸心血管外科副主任委员赵金平教授，在赵教授的带领下打好了扎实的基本功。后来我成为全国知名专家、中华医学会胸心血管外科分会青年委员会副主任刘金平主任团队的一员，在科研上得以更进一步。对我来说，学生工作与医学研究一样，都在力求解决各种各样的复杂问题——复杂的工作机制与程序、复杂的人际关系、复杂的患者状态、复杂的病情等，各种复杂的问题摆在面前时，我所能做的只有自强弘毅，倾尽所学，解决一个又一个疑难杂症。

当我被问到是否愿意谈一下我作为 2020 年疫情出现后第一批参与抗疫活动

的医生时的思想感悟，以及我在东西湖方舱医院抗疫的经历，我婉拒了，因为行医就是我的使命所在，不论在何时与何地。不过，随着时代中不确定性的增加，我确实认为医生必须通过自己来安抚这个时代。

与此相比，我或许更想分享我在基层的经历与感悟。2020 年疫情暴发后，我担任中南医院社会发展部副部长，因工作机缘接触到了许多医联体中的基层单位。我的基本工作目标是充分地去宣传我们的医院品牌，但我所做所得的却远不止于此。由于扎根基层，我和团队的足迹逐渐遍布内蒙古、山东、广西、贵州等地，对百姓民生有了更直接且深刻的体悟。短短一年的时间里我的足迹跑遍了省内外 30 家医院，每个月走访 6~8 家医院，基本全年无休。虽然那段时间的奔波非常辛苦，早出晚归甚至长时间不能归家都是我的常态，但与家庭的分离换来的是病人们能够在家门口获得先进的治疗技术、是病患家属能够免于舟车劳顿之苦、是患者治疗后生活品质得到显著提升，每一个这样的瞬间都会治愈我，心觉无愧于身上这身白大褂。

我有一年时间在枣阳挂职，其间也正好遇到疫情，为了不因我个人问题耽误病人的治疗，我尽可能不乘坐任何公共交通，每次都独自驾车往返；同时，我也将我在武汉积累的抗疫经验带到枣阳，协助枣阳建立方舱医院的设计规划以及筹备工作等。我还充分利用自己在武汉大学的专业优势和中南医院的经验，帮助基层医院创建重点学科，最终我也荣获"中国县域医院基层帮扶模范"的荣誉。

类似的经历和获得时刻还有很多，当下忙碌的生活总让我无暇打开回忆，但今日聊起，这些如星火般的瞬间又确实在脑中蹦出，让我感到活力兴奋：我曾和同事在晚上 9 点带着人工移动心肺仪驱车前往岳阳，连夜抢救一个突发心源性休克的急症病人，亲历"生死时速"；我曾与同事决定先治病再管费用，为一位尚有 15 万元手术费用缺口的病人先进行来之不易的心肺移植，后来这位病人恢复很好，三年后甚至带着自己亲手种植的西瓜来到中南医院以表感谢；疫情期间我在救治完一个病人后亲自开车送他回去，避免路途染疫影响后续恢复，一路上听他聊各种家庭琐事，我总不禁感慨有活力的生命真好；也有在我手上完成搭桥手术的病人，他在 2022 年自己一个人骑行了新疆的独库公路，过程中同我分享了很多当地壮美的风景，我很开心自己让一位病人有更多的机会领略祖国的大好风光；还有 90 多岁的患者，治疗完之后他 70 多岁的儿子还能够带着他去遛弯儿，这又是怎样的天伦之乐……

生命的魅力不过于此，人是血肉之躯，总难免生疾染病。医生之职在于托举生命的重量，也传递人间的温度，是让有裂缝的生命重焕新容。

求是拓新，全力成为新时代外科医生

武大校训中的"求是""拓新"在我工作后成为更加具象的追求，即成为新时代外科医生。医生对我来说已然是我毕生的事业，而不仅仅是有待完成的工作任务。二者的区别在于我们总是会竭尽所能地去为自己的事业增光添彩，期待能够更上一层楼，而非被动地完成甚至是应付任务以求合格。在临床医生这个职业上，我花了很多很多的时间和精力，如今，我担任湖北省心脏大血管外科微创诊疗工程研究中心副主任、武汉大学第二临床学院胸心外科教研室副主任，工作更多、所遇疾病更复杂，也更意识到自己的责任之重，前路漫漫。

人是格外复杂且精密的，"求是"精神对医者而言是治疗的基础，既要全面了解病人的情况，又要结合最新的学术成果和自己的能力水平形成治疗方案，只有各方面都尽心尽力才算鬓影无惭。作为病人的希望光点，我所能做的是尽我所能甚至多做一些。我常去主动思考他们的治疗方案，这也是我在希望达成自己内心的使命。我把临床医生看作毕生事业，病人对我来说不是负担而是财富，他们是我事业建设道路上的贵人，每一次的诊疗都在为我积累更多的经验。即便是非常复杂的疾病我也不断钻研，敢蹚别人没走过的路，才能收获别样的风景。目前，我基本全年无休地进行工作，也常在治疗结束后以这样一句话作为结尾："治病这个事情无外乎是家属尽心，医生尽力，治好了人皆欢喜，即便治疗无果也求问心无愧。"

"拓新"则是在新时代下的更进一步。当前可喜的是，心脑血管领域在各同行的不懈努力下成为进展最为迅速的医学领域。但是，随着人们生活水平日

益提升，心脑血管疾病成了我国发病率最高、死亡率最高的疾病，这对心脑血管学科以及我们相关医生提出了更高的要求。从前我们或许只要用手术刀救助好病人就够了，但如今，就我而言，我还希望自己在拿好外科手术刀的同时，还能够操作好内科导管支架，充分将最新的技术和方法用到手术中，尽最大可能减少病患的痛苦，保障他们术后的生活质量以及生命长度。在医生这一事业建设上，我自认为自己想了不少，也做了很多，一直在求是的基础上不断拓新，力求成为新时代外科医生。如今我的方向是心血管外科的微创心脏学科，我成为全国范围内少数既能够做外科又能够做介入的外科医生。

所谓新时代不仅是科技发展的新时代，也不只是医疗知识扩充，我认为新时代更多的是医患关系的转变。我们不再只是考虑疾病本身，而是把病患当作具体的人来看待，关注他们的生活质量和寿命，关注他们对美好生活的向往，包括他们在治疗疾病时如何能够更便捷、更少花钱、更少操心、更少受罪，等等。这些人性化的关怀能够从本质上改善患者就诊体验，进而也能够缓和医患关系。医生的治疗目标不仅仅是治病本身，还要达到患者满意、同行认可，对我来说，我个人希望自己继续成长为一个在专业领域有一定影响力的医生。

我在南苏丹 任联合国难民署专员

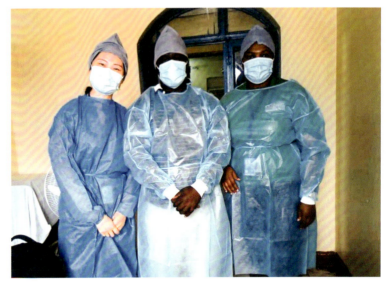

况核倩前往南苏丹 Pariang 州立医院视察产房手术室（左一）

况核倩

　　1992 年生，湖北武汉人。武汉大学生命科学学院 2010 级本科生。在武大学习期间，逐渐理解生物体运作的基本规律，同时也逐渐找到了自己的奋斗目标：致力于用自己的知识让更多最需要的人过上更好的生活。2019 年经青年专业人员选拔进入联合国难民署工作，担任营养及粮食安全专员。工作期间走过了许多国家，其中主要是发展中国家，工作地点从日内瓦总部到南苏丹代表处，战乱、天灾让况核倩意识到和平而繁荣的生活来之不易。

脚踏实地，只为立心立命

2021 年是我在联合国难民署工作的第 2 年，也是那一年，我决定从瑞士日内瓦的总部转去东非的南苏丹。

在日内瓦的两年是充盈的。我领衔开发了难民署的全球营养调查数据分享平台，用 4 个月的时间实现了庞大数据库的公开化与专业信息的可视化；参与撰写了难民署营养调查新版指南，统一全球的营养指标；还与同事们一起拟订了难民署全球公共卫生 2021—2025 年策略，共同撰写了多个联合国组织发布的 2020 年及 2021 年全球粮食危机报告……

两年过去，我因收获的能力与成绩感到欣喜，但也因为一线经历的缺乏开始惴惴不安。

最直接的体现是在做决策时，我时常对自己说出来的话、做出来的决策感到不自信。仅仅是依靠资料和数据，就像管中窥豹，无法了解一线真正的需求和困难；同时，难民署的许多同事是一线出身，有人曾经是无国界医生，有人曾在国际红十字会工作，他们在战乱地区面对过叙利亚难民、阿富汗难民，那些跌宕起伏的故事震撼着我，并深深吸引着我。

想要做好人道主义救援的决定，一线是必修课。为了能够转入南苏丹的难民署，我花了半年的时间写申请、做协调、做准备，在 2021 年 1 月终于接到了批复同意的文书。

在南苏丹的第一年，我基本是泡在难民营里。他们的生活条件和我想象的差别不大。泥巴糊的墙，茅草盖的顶，拥挤而狭窄的空间里住着一大家子。但让我非常意外的，是部分难民对待未来的态度。南苏丹政府是允许难民开垦种地或者外出找工作的，本国国民享受的权利难民几乎都可以有。这本应该是摆脱难民身份的好机会，但不少人开始依赖难民署，依靠每月发放的粮食果腹，不再工作或寻找别的出路了。

我们也想过很多办法去帮助难民群体逐步转向自给自足。比如在 2021 年就买了一辆可以运输、耕地、播种喷药的拖拉机送给他们，还请了专人进行教学。然而我们在回访时，发现他们并不爱惜这台珍贵的机器，像开跑车一样让它在田间飞驰。不到一年，这台从肯尼亚空运而来的拖拉机就被开坏了。他们也没有自己动手修一修，而是告诉难民署的工作人员"拖拉机坏了，你们想想办法吧"，就不再管这件事了。

刚开始遇到这样的情况，自己还会有些气馁。但是待得越久，越发认识到不能用单纯的对错去评定。部分难民群体之所以会缺乏独立精神，缺乏自强自立的意识，和他们的成长环境、受教育程度等客观条件分不开。没有经历过他们的苦难，就没有资格"代入"过高的主观情绪，更不应该给这个群体扣帽子。

我的思路也开始转变，想要帮助难民群体逐步自力更生，或许最好的方式是"教育"，对下一代的教育。

于是我们决定创立"School Feeding"项目，向几十所难民营小学提供免费午餐。因为在南苏丹，很多父母会让孩子退学去做童工。哪怕童工的薪酬都不够支付一顿口粮，在他们看来总比在学校上学没有任何薪酬要好。但不知不觉阻断了下一代用知识改变命运的途径，也错过了培养孩子三观的最佳时机。但如果提供免费午餐，大多数难民家庭愿意让孩子来上学。上学率大大提升的同时，也能缓解儿童的营养不良，一举多得。

因为这个项目需要多方合作，在确立后实施后我先去找了粮食署。那段时间受俄乌冲突、东非干旱等影响，世界粮食价格飞涨，粮食署已经减少了难民每个月的口粮配额，更别说拨出更多的经费来支持新项目。我和同事只能跟他们反复商谈，拿出粮食安全调查的结论证明项目的必要性，带着他们的工作人员去实地考察，后面又去找了南苏丹教育部获取批准，终于在半年后将前期的协议谈了下来。

前期协议的签订只是完成了第一步。接下来我们去每个学校实地走访，在哪里建厨房、谁来管粮食、谁来调配、谁来做饭……每个细节单拎出来都很琐碎，都需要多方的配合与协调。因为没有多的经费雇人，我们最终组建了 PTA 联盟（老师和家长联盟），安排自愿帮忙的家长通过轮班制的形式承担做饭、发放食物、统计每日入学率和配餐数等工作。

2022 年 7 月，从策划、协调、筹备到落地历时 9 个多月的 "School Fee-ding" 项目正式落地，第一批共覆盖 7 所小学。预计 2023 年第一季度，另外 21 所难民营小学可以顺利吃上免费午餐。目前我和同事打算做一个新的鱼塘项目，同样以 PTA 联盟作为管理模式。鱼塘里收获的鱼可以作为免费午餐，多余的也可以拿去变卖，最终形成一个自给自足的循环。

许多人称赞我是做了了不起的工作，但我并不那么认同。我从始至终都是做的一份普通工作，无论在哪个岗位大家只是社会分工不同。所以在面对一些褒奖和表彰时，我会感到不适。比如曾经前往了一所难民小学，不知道是不是有人安排的迎接仪式，许多孩子抱着我和另一位男同事说，"you are my mom"，"you are my dad"。那个时候我会觉得脱离本质，我只是在好好完成我的工作，他们恰好是我的服务对象，我并不是赠与者。真正让我觉得骄傲的，是看着孩子们端着铁盘子，一队队排好领取食物的时候。那个瞬间你会觉得，虽任重而道远，但总归是有希望、有前景的。

 ## 上下求索，亦能拥抱多元

校友陈东升说："我现在做的事情、表现的品格和做事的风格，都有珞珈四年打下的烙印。"对我而言，武大优美的校园风光、自由博学的学术氛围与深厚的人文底蕴，就为我铸就了丰富、独立的人格底色。

我是武汉大学生命科学学院 2010 级的毕业生，如此想来，离开珞珈山也已近十年。回想高考填报志愿那会儿，读生物是一早就决定好了的，毕竟我从小在理工科家庭的熏陶之下成长，对这门学科更是情有独钟。但是，我与武大的相遇，相比之下就少了点命中注定的味道。拿到录取通知书的时候，我的内心甚至藏着几分惶恐：一个以生物竞赛为兴趣的理科生，头脑一热闯进这座樱花纷飞、青檐碧瓦、极尽浪漫文艺之事的最美校园，总令我有些不知所措。

　　三位室友是四年本科学习中与我相处最久、也是对我影响最大的同龄人。我至今仍然记得寝室里每周定期召开的"非正式座谈"，现在想来，与室友们的理念交锋在无形之中扭转了我的整个思维模式。从俯首不闻窗外事的生物专才，到如今加入联合国难民署，为流离百姓解决生存困境，我作为一名"理科生"的人生旅途正是因为她们，迎来了我未曾设想过的转折。

　　那时的我非常符合"理科生"的刻板印象，有些偏科、不爱看书、对历史和世界局势一窍不通，自认为没什么不妥。我的其中一位室友是个特别有意思的姑娘，虽然和我一样身为理科生，却对翻译学和国际政治特别感兴趣，时常抓着我们一起探讨时事热点和最近读的书。虽然一开始我兴趣缺缺，听得也是一知半解，但我颇具"愤青"的潜质，喜欢发表自己的意见，有时话题引到我完全不熟悉的方面上，一时接不上话茬，我虽然嘴上不服气，心里逐渐意识到了自己与她们在知识储备和眼界上的差距。于是，我第一次跳脱出"理科生"的单行道，从局限于实验室教科书，到主动遨游浩瀚书海，尝试了解国际关系的风云变化，探寻哲学的深邃奥秘。与室友们思想的碰撞丰富了我的大学生活，更丰富了我的阅历与人格。

　　正是从那时起，我真正地将"读书"纳入我的日课学习计划，踏上书籍堆砌的阶梯，放眼眺望人生更多的可能。

　　武大的丰富，在其人，更在其育人之道。武大鼓励自己的学生全方位综合发展，将无数种选择交予我们自己把握。我的一位生物系同门的室友，在选修了外语学院的文学翻译课后便狂热地爱上了翻译，本科毕业时，大胆地跨越了文科与理科之间的"天堑"，考上了翻译学硕士，拥抱自己真正热爱的事物。蹭课、出国交流、辅修、双学位、转专业，每一次尝试跳出"专业"这一无形的小圈，人生都有一个全新的可能性为你敞开了大门。

　　自从揭下"理科生"的标签，我也一发不可收拾地在珞珈山的广阔天地下开启了"闯荡"之旅。

　　大二的暑假我读弗洛伊德和古斯塔夫，对同样剖析现象、理解生命之神秘的心理学一见钟情。第二年一开学，我不仅选修了好几门心理学相关的通识课，还偷偷跑去蹭听心理系的专业课。不过，所谓隔行如隔山，第一节课上，教授和同学们信手拈来的术语、概念让我这门外汉只得"望洋兴叹"。虽是如此，我却愈战愈勇，还是时常在没有晚课的日子去心理系的专业课上报到，和心理系的同学探讨自洽、共情之类常有逻辑分歧的话题。在与他们的交流中，不同成长环境、不同专业、乃至不同性别的同龄人们截然不同的思考模式让我深受感触。虽然专业知识学得一知半解，但融会新知、思维碰撞的课堂时光令我酣畅又满足。

不仅如此，我还将自己利索的嘴皮子也进一步"发扬光大"，在课余闲暇时为学院的话剧社创作剧本，还加入学院的辩论队。辩论赛前，我与队友们常常在会议室一泡就是一整晚。如何破题，如何确定逻辑链条，对方会有什么样的观点，我们又该如何攻破……跟随辩论队训练、比赛的过程中，让我逐渐明白，"辩"最让我获益的并非在观点不同时将对手驳倒的话术，而是和寝室座谈会一样，相互分享、与不同人对话的过程本身。每一场对话，都能将一种全新的可能性铺展在我的面前，我惊叹于这些闪闪发光的可能性的同时，也在不断摸索着属于自己的求索之路。

我仍记得本科时我习惯晚上九点准时回寝，有趣的是，无论我的起点是教室、图书馆还是操场，樱花大道的石砖路永远都是必经之路。有时候上坡路走累了，我在熙熙攘攘的人流中停步仰望，总会觉得夜晚的珞珈山天空很高，而我从这里迈向未来的路显得无边无际。

自洽自省，方可充盈己身

大家提起武大，都会说"四大名嘴""人文底蕴"丰厚，但这个概念其实不那么好理解。我觉得武大最显著的特质，在于"包容万象"。这个校园鼓励理科生学文，支持学生多元发展。身边的同学都是独立且主动的，你能在这个校园中找到"自洽"的方式。本科四年，也让我这样一位理工科直线条女孩，变成了热衷哲学的文艺女青年。

这样的变化也并非针对我个人。每一次回国和大学的朋友见面、聊天，都是一件特别惊喜的事情。你会从心底发出"哇"的感叹，她又变了！又丰富了！又迭代了！

这和职业无关，和人生态度有关。

很多人对待难民署或其他不易接触到的组织，会觉得不同寻常、很新奇。但其实我们也会做寻常的工作，比如统计表格、写年度方案、做数据分析。同样的，很多人提起体制内会觉得呆板且枯燥，但我身边不少大学同学也在这样的按部就班之中找到乐趣，他们也在不断地进步。世俗标准的关键，在于这份职业是不是你主动选择的，这种生活方式是否是你内心想要的。

懂得自洽，找寻属于自己的人生模式，是武大给予我最珍贵的财富。

这种财富也被我带到了南苏丹。

我在南苏丹的独处时间非常多，因为它属于危险地区，条件比较差，所以联合国设计了强制休假制度，每六个星期就有一个星期的休假。

我开始广泛发展自己的兴趣爱好。比如户外运动，我去潜水、滑雪、攀岩，还新学了帆板。或许是因为离国太久，我又重燃起对古诗词的兴趣。最初是闲来无事吟上几首，后来变为在纸上抄诗练字。我没有系统学习过书法，其实也"不懂美"的范式，单纯是在静看自己写下的一个个方块字时，觉得今天的字比昨天的飘逸了几分，或者这个字的笔锋点得恰到好处。渐渐地，我仿佛跟纸笔之间产生了一种对话感。在不同质地的纸张上落笔，就得灵活调整写的方式，有时写字时的心境不同，写出来的字迹也会随之变化。

我的认知也在不断拓宽。在南苏丹同事们都住在一起，下了班大家就坐在楼下聊聊天，听他们讲自己国家的故事，分享自己小时候的经历，这个过程也改变了我对于世界和不同文化的看法。

我刚去南苏丹时看了一本书，是以前在南苏丹维和部队的前辈写的。这本书里他强调了"政治考量"，由此引申出许多观点，比如在工作中哪些话能说哪些话不能说，以及想要把事情做成应该如何站到对方的角度进行协调。

或许对于刚工作的我而言，对这样的观点不太能接受。我为什么要管别人打的算盘，我把自己的关心的事做好不就可以了？可在国际组织工作了几年，特别是深入南苏丹之后，我开始明白权衡与抉择的重要性。国际化的舞台，必须多方协作才能达成出成果。他人与你的工作内容和目的都不同，哪怕那件事从道义上讲是极佳的，他也没有义务一定来与你合作，你必须消除他的顾虑。当我把这个逻辑理顺后，对待很多繁琐的流程与难以推进的项目就不再那么激进与费解了。

我们中国人常说"不忘初心"，其实这一点在任何工作、包括国际组织这样的单位也完全适用。营养官员的工作不是为了联合国，也不是为了难民署，是为了一部分人的健康，为了解决营养不良问题。当你对于目标和方向清晰，这条路上的得失或者他人的不解都没那么重要了。

传珞珈薪火 谱志愿者新篇

武汉大学城市设计学院学生会主席团合影（右一为王凯来）

王凯来 ··

　　1992 年 10 月生，山东青岛人，中共党员。武汉大学城市设计学院 2011 级本科生。长期致力于村镇建设、历史文化遗产保护方面的研究，发表核心期刊论文 4 篇，参加法国、新加坡、日本等 8 次国际学术会议并交流发言。曾获评第十三届中国青年志愿者优秀个人奖，国家实用新型发明专利，天津大学科技创新先进个人、国际交流先进个人、优秀学生干部、研究生国家奖学金，武汉大学雷军奖学金、优秀学生干部、优秀学生。曾任武汉大学城市设计学院学生会主席、班团联席会会长、班长等职务，现任住房城乡建设部村镇建设司公务员。

东湖之滨，珞珈胜处，镜湖枕麓，屏城襟江。离开武大转眼七年有余，无论何时，当我回想起那段时光，都觉得无比庆幸和感激，是武汉大学带我走过了价值观形成的关键五年。五年匆匆，未及充分体会这所百年名校的底蕴和内涵，便依依不舍踏上新的征程；五年很长，在文化知识不断丰富的同时，幸有武大育我德业并进，教我自强弘毅，促我求是拓新。"大学之道，在明明德，在亲民，在止于至善。"诚哉斯言！

收到约稿，我有些意外，母校群贤荟萃，桃李满园，我的经历在其中微不足道。但出于对母校的敬仰和深爱，也是出于"私心"，我还是爽快地答应了。所谓"私心"，一方面承蒙不弃，愿为母校的百卅庆典略尽绵力；另一方面，忝居学长，也想给尚在苦读的学弟学妹们提供些许经验。

笃行求知，尽善尽美研习课业

"非学无以广才，非志无以成学。"大学的首要任务是学习，母校为我们提供了得天独厚的物质条件和求真务实的学习氛围。我觉得自己比较笨，所以在专业知识的学习中要求自己比别人多投入一些，因此也成为在专业教室自习时间最久的学生。我认为，在求知的过程中，空谈永远是美好的象牙塔，充满诱惑却难免华而不实；而真切忙碌着的每一天，点滴进步都实实在在，终能用汗水浇灌出成果。

现在回想起来，大三参加两次专业能力竞赛的情景仍历历在目。

大三上学期，我和同学组队参加了昙华林历史文化街区的城市设计竞赛。前期调研阶段，我们实地勘察9次，走遍每一条街巷，标注每一栋历史建筑，与居民、游客访谈，详细收集各方意见。在方案构思阶段，我们每天在专业教室头脑风暴到深夜，第二天拿着手绘草稿追着多位教授问意见，前后推翻了6版设计方案。在成果制作阶段，我们连续4天没有着床，累了就趴在桌上休息一下，坚持在冲刺时期制作出完美的图纸。功夫不负有心人，我们的设计方案获得了省赛第3名的成绩。

大三下学期，我和同学组队参加了城乡规划专指委组织的社会调查竞赛。我们以花园山天主堂为例，研究异域文化的宗教空间在城市中的生存现状。我们到武汉市各个图书馆查阅花园山天主堂的资料，梳理它的历史沿革、发展脉络。为了与教堂使用者感同身受，我们突破性地开展了沉浸式调研，和天主教徒、神学院师生共同生活了3天。在深入调研的过程中，我们得到了调研对象的信任与支持，也真切感受到了教徒的信仰、居民的困惑和游客的新奇，为科学看待、提升改造花园山天主堂提出了针对性的意见。

如今翻看本科时的竞赛资料，鼠标的滚轮上下滑动，带有一种特殊的韵律，传唱出那些为求知而奋斗的往昔岁月，心有戚戚焉。本科课业结束时，我的专业成绩位居年级前5%，2016年保送至天津大学建筑学院读研。武汉大学的求学经历，让我发现了多样化的研究领域，掌握了跨学科的研究方法，接触到更多新鲜事物。同时，这也进一步丰富了我观察世界的维度，让我认识到城乡空间的背后是社会时代背景、多元利益诉求，通过经济学、社会学、人类学、心理学、行为学等诸多学科视角，更加深刻地理解和融入世界。

 ## 躬身实践，全心全意投身院会

"功崇惟志，业广惟勤。"我不敢说自己有多大志向，但在武大的这段时间还算勤奋。我在课余时间积极参与实践活动，有幸在大一加入城市设计学院学生会，一干就是三年，从一名普通干事做到院学生会主席。学生会工作几乎占据了我除学习以外的所有时间，但也回报我以更多的收获。最刻骨铭心的还是担任院学生会主席的那一年，我带领120名学生会成员，打破了学院多项纪录。

武汉大学设计文化节是城市设计学院联合校团委举办的招牌活动，面向全校征求毕业文化衫、录取通知书、校园景观和学生宿舍四个板块的设计方案。一个学院办一场校级活动谈何容易，我犹记得，我们与学校反复沟通协调，成功争取到将比赛获奖方案作为官方毕业文化衫和录取通知书的宝贵机会。我们走街串巷、联系商家，为活动寻求外联资助，保证活动筹备的各项必要支持，并为获奖同学争取一定奖金。我们组织学生会成员跨越四个校区开展专题宣传，早出晚归，在驻点一待就是一整天。在一届届学生会人的努力下，学院的特色项目顺利开展，影响力持续扩大。

武汉大学金秋艺术节算是每年最隆重的校级文体活动。城市设计学院学生规模不大，参加校级活动不具备先天优势。作为当时的院学生会主席，我带领学生会成员提前谋划工作目标和思路，提出金秋艺术节不是文艺部一家的事，是院学生会所有成员共同的事；在服饰大赛板块，要立足设计专业优势，力争前三，而情景剧、舞蹈、合唱板块要基于历史成绩有所突破。确定了目标就要付诸行动，我们邀请前几年有经验的学长学姐回来作指导，聘请艺术学系、新闻学院的专业老师、同学集中讲授指点。根据赛程排出训练时间表，我但凡有时间都会全程参与培训组织。那一年的金秋艺术节，城市设计学院收获满满，各个板块的成绩都达到了预期目标。

卸任院学生会主席的时候，28个兄弟院系的主席到换届会场送我，老师和同学们给予我极大肯定。这段难忘的经历让刚满21岁的我成长很多，收获颇丰。我认识了一群志同道合的朋友，见识了好多领导能力出众、专业特长突出的同学，锻炼了肯吃苦、敢作为、能担当的品格，这也为我毕业后的工作奠定了良好的基础。

2016年6月22日，武汉大学毕业典礼在行政楼前如期举行。校长送给毕业生的临行寄语是：做自己人生的工匠，专注、求精、心正。这段寄语让我对武汉大学的求知之路、实践之行有了更加深刻的领悟。离开母校还有很长的路要走，我要带着武汉大学的精神坚定前行。毫无疑问，是武汉大学见证了我的成长，助我成才，并给予了我足以受用一生的财富，帮我找到了梦想和方向。因此，2019年从天津大学研究生毕业后，我放弃了房地产企业和设计院的高薪工作，毅然决然地进入住房和城乡建设部，投身村镇建设事业。

 远赴山区，任劳任怨脱贫攻坚

"衙斋卧听萧萧竹，疑是民间疾苦声。"进入中央国家机关的时候正赶上决战决胜脱贫攻坚的关键时期，我接到的第一个任务就是赴山区贫困县挂职锻炼。2019—2021年，我投身湖北省宜昌市兴山县扶贫一线，驻村帮助贫困户实现"两不愁三保障"，发动行业力量推进贫困县城乡高质量建设，深入藏区落实部委定点帮扶任务，助力困难地区脱贫攻坚与乡村振兴。

挂职兴山县古夫镇北斗坪社区期间，我认真研究扶贫政策，竭力帮扶困难群众。我深入了解当地实际情况、帮扶对象身体状况，查看住房安全条件，争取种植养殖补贴，普及柑橘种植技术，协调公益岗位，宣传疫情防控措施，推广爱国卫生运动，与402名居住在半山腰的建档立卡贫困户同吃同住，实地协调解决农户"两不愁三保障"实际问题。此外，调研了县辖8个乡镇的30多个行政村，协调中央电视台宣传推广兴山县典型做法。

挂职兴山县住建局期间，我立足村镇建设，搭建好部县业务桥梁，发挥行业优势助力山区贫困县城乡高质量建设。我组织乡村振兴培训班，邀请国家部委领导、母校武汉大学教授为全县500余名领导干部授课。发挥自身所学规划专业优势，参与乡村振兴推广中心改造。组织培训乡村建设工匠140余人，创新农房监管员工作机制，参与选拔96名监管员负责房屋安全日常巡查。挂职期间完成7篇调研报告，为制定政策提供了支撑，并被湖北省住建厅简报刊登。

此外，我6次深入高海拔藏区落实部委定点帮扶任务。坚持边吸氧边工作，参与筹备全国住房和城乡建设系统第四次定点援藏会议。3次赴海拔4200米的康马县开展定点帮扶，前往海拔5200米的达日村开展支部共建，带领中国城市规划设计研究院专家开展设计下乡，协调上海农工党医疗专家开展送医下乡。

扶贫工作让我学会了想群众之所想、急群众之所急。在脱贫攻坚的冲刺年，把握难得的发展机遇，扎根到最基层、最落地的工作中，我无疑是幸运的。

立足本业，尽职尽责建设镇村

"一语不能践，万卷徒空虚。"两年的基层挂职结束，我回到北京，回归全国村镇建设的本职工作，用我所学的城乡规划建设的知识，推动开展乡村建设评价工作，动员农民群众参与乡村建设，推进县域统筹村镇建设，为新征程村镇高质量发展贡献力量。

乡村建设评价是推进乡村建设的重要抓手，习近平总书记对此作出重要批示。我全面参与乡村建设评价工作，筹备全国工作推进会议，起草部领导讲话，指导 28 个省 122 个县开展评价工作。线上线下召开调度会近 90 次，组织 66 家高校、科研院所开展实地调研、面对面访谈、问卷调查，全面深入了解乡村建设状况并开展分析评价。攻坚阶段，我持续加班到深夜，起草呈报中央领导同志的工作报告，修改全国评价报告、28 个省份的省报告和县报告。指导地方应用评价成果，推动农房质量安全、农村垃圾分类、农村污水处理等工作，解决农民群众急难愁盼的问题。

习近平总书记指出：乡村建设是为农民而建。我参与起草 7 部门联合印发的《农民参与乡村建设指南（试行）》。组织举办两期全国美好环境与幸福生活共同缔造培训班，覆盖省、市、县、乡、村各级干部 1 万余人。指导共同打造培训基地培训 49 万人，接待现场观摩 17 万人。推动村民参与村庄环境整治、基础设施管护等工作，形成共建共治共享的乡村治理格局。

习近平总书记指出：要把县域作为城乡融合发展的重要切入点，强化基础设施和公共事业县乡村统筹。我参与推进县域统筹村镇建设工作，指导 5 个省选择 17 个试点县，因地制宜开展县城绿色低碳建设，开工一批绿色节约型基础设施项目。指导各省打造农房和村庄建设示范，确定 72 个试点县、266 个试点村，印发 20 份省级实施方案，编制 18 套省级技术文件，提升村镇建设水平。

有了基层的工作经历再从事面向全国的村镇建设工作，让我真切感受到了"上面千条线、下面一根针"，我着手的工作虽然是基础性的，但关系到成千上万的人民群众，这种责任感和使命感让我心生敬畏，不断告诫自己要对得起这份职责。

 热衷公益，用心用情做好志愿服务

学习和工作之余，我牢记新时代青年的责任担当，参与志愿服务累计超过

1000 个小时，积极带动身边青年人群投身公益事业。疫情期间，志愿在高速公路出口值守，在湖北疫情的关键期逆行返鄂投身常态化疫情防控，被共青团中央授予"中国青年志愿者优秀个人奖"。

新冠疫情暴发初期，正在山东青岛老家过春节的我第一时间就地参与疫情防控，前往风险最高的王台高速公路收费站志愿值守。我加入临时党支部，与工作人员"三班倒"全天候动态严防，对过往外地车辆驾驶员和乘客进行体温监测和信息登记。帮助无接收单位证明的司机查询最佳返程路线，赠送必要的口罩、餐食等。两个月时间内，我协助核录车辆 1.7 万辆，排查人员 3.2 万名。疫情形势稳定后，我又加入当地的复工复产志愿服务队，帮助农场全面消毒农用机械设备，协调从外地运送马铃薯播种机进场，保证农业播种时机。

离鄂通道管控措施解除后，我第一时间启程返鄂，志愿开展常态化疫情防控。我主动下乡向农户发放抗疫物资，宣传最新的疫情防控政策和爱国卫生运动。针对部分村组过分恐慌、围堵道路的情况，我与村干部一起纾解村民的抗疫紧张情绪，在山区推行科学防控。针对部分农户购买不到仔猪的情况，我主动配合乡镇干部，联系健康安全的猪苗送货上门。疫苗接种期，我请缨下乡到高海拔的黄粮镇黄粮坪村和户溪村，摸排接种率，现身说法、耐心排解村民心中的担忧，带领志愿服务队走访 397 户 1165 人，使接种率由 72.3% 提高到 97.8%。

习近平总书记曾经勉励青年人：希望你们弘扬奉献、友爱、互助、进步的志愿精神，坚持与祖国同行、为人民奉献。疫情期间的志愿服务工作，使我坚定了不惧险、不怕苦、不畏难的信念，让我用青年担当践行了"人民至上、生命至上"。

以上这些就是我的故事，从某种意义上来说，正是武汉大学的精神指引我行至此处，而我也只是记录下来，以为来者提供些许经验。

东湖之滨，珞珈山麓，人文渊薮，英华卓荦。纵观百卌校史，武大的发展离不开代代武大人的不懈奋斗，"自强、弘毅、求是、拓新"的精神也将时刻影响着我今后人生路上的每一个选择、每一次决定。东风浩荡征帆劲，大潮奔涌奋楫先。作为武大学子，我将用年轻人的责任担当，踔厉奋发、勇毅前行，为实现中国式现代化贡献武大人的青年力量。这是我的梦想，也是我对母校最诚挚的告白。心怀母校，为国争光，珞珈赤子永远在路上。

孙傲（左一）本科毕业典礼上和老师的合影

我的口腔医学之旅

孙 傲 ···

    1994 年 3 月生，浙江杭州人。武汉大学口腔医学院 2012 级本科生，武汉大学 Smile 服务队创始人。致力于国内唇腭裂语音及心理序列治疗的推进，曾代表武汉大学参加第三届中国青年志愿服务大赛并获得金奖。曾获评武汉大学"十大杰出青年"，武汉大学优秀本科毕业生等荣誉。从武汉大学本科毕业后，就读于北京大学口腔医学院，历任北京大学口腔医学院研究生会主席、北京大学研究生会执行委员会委员等职，目前为浙江大学医学院附属第一医院医师，从事口腔临床诊疗工作。

兴趣与专业的契合

选择医学，对我来说，是一个多重原因的选择。回想起高中时期，那个时候韩剧在校园里掀起了一股热潮，我也被其中的医生形象所吸引。那些白衣飘飘的帅气医生，无论是救死扶伤的英雄形象还是医术高超的医疗场景，都深深地触动了我的内心。可以说，最开始由电视剧的医生形象我开始对医学产生了向往之情。在现实中，我在生活中对生物和手工这两个领域也有着浓厚的兴趣。我喜欢观察生物的奇妙之处，对人体的结构和功能充满了好奇。同时，我也喜欢动手实践，喜欢通过手工操作来创造和修复。

而恰好，口腔医学就是这两者的完美结合。在这个领域里，我可以通过对口腔健康的关注和治疗，探索人体的奥秘，同时也可以运用手工技巧来进行各种口腔修复和美容。这样的兴趣与专业的契合，让我坚定了学习口腔医学的决心。在武大求学的这几年我深深感受到这所学府对医学教育的重视和承诺。在这里，我接受了系统的医学知识培训，学习了先进的口腔医学理论和技术。同时，学校也提供了丰富的实践机会，让我们能够在真实的临床环境中锻炼自己的技能。在这个过程中，我不仅学到了专业知识，更培养了扎实的医学素养和敬业精神。

创办Smile志愿服务队

2013年，我作为武汉大学口腔医学院学生会实践外联部部长，参加了暑期实践队的活动。我们来到了四川省乡村，探访了一位唇腭裂患儿的家庭。当我们看到这名小朋友面部的塌陷和裂开的唇，我们意识到他在发音和吐字方面遇到了很大困难。通过与家长的沟通，我们了解到这个家庭面临着认知匮乏、就医无门、经济困难和康复缺位等一系列问题，这些困难就像大山一样横亘在他们面前，让我们深受触动。回到学校后，我决定组建一个唇腭裂公益社团，名为 Smile 服务队，希望能够帮助更多的唇腭裂患者。Smile 服务队成立之初，只是一个兴趣社团。我们主要的活动是去医院看望唇腭裂患者和他们的家人，帮助他们渡过难关。但是我们发现，在普及唇腭裂的科学知识和帮助更多家庭解决医疗问题方面，我们的成效并不明显。经过一系列的走访，1843 份调研问卷显示，超过 80% 的家长在孩子出生时对"唇腭裂"一无所知，且超过 50% 的唇腭裂患儿家长受教育程度在初中及以下。这意味着在患儿出生时，许许多多的家庭是不知所措的，而这也往往导致唇腭裂患儿治疗的延误。如何传播晦涩难懂的唇腭裂专业知识？如何帮助这些迷茫中停止脚步的家庭？我们决定创作一本唇腭裂科普漫画。我们开始了一系列的调研工作，与数百个受益家庭进行了深入交流，了解唇腭裂患者和他们的家庭的真实需求。接下来的工作是将这些调研结果转化为漫画的形式。我们经过数十次的推翻重来，不断修改和完善每一幅画稿，力求让它们既易懂又专业，确保每一幅画稿都能够准确地传达我们想要表达的信息。《你是上帝吻过的天使》便诞生了。这本漫画将趣味性和科学性结合在一起，我们希望这本漫画能够让更多人了解唇腭裂，消除对它的误解和歧视。最终，我们的努力得到了回报。2015 年，Smile 志愿服务队连续获得了暑期社会实践志愿服务类一等奖、暑期社会实践成果风采展示一等奖第一名以及公益创新大赛一等奖。唇腭裂的孩子也被更多的人关注。漫画项目从校赛走到省赛，再从省赛走到国赛。2016 年在中国青年志愿服务大赛中，Smile 申报的项目"漫微笑唇腭裂科普漫画"获得全国金奖，这也是武大首金。我们的作品获得了评审们的认可，更重要的是，它们获得了数百数千个受益家庭的认可。

"我的孩子将来会怎么样？"在陪伴孩子时，我们常常会听到家长们这样的疑问。而这些对孩子未来的焦虑与不安，并无法用书本上晦涩难懂的"预后"来抚慰。我也意识到仅仅提供关怀是远远不够的。考虑到许多唇腭裂的小天使们存在着语音和心理障碍，而广阔的中国大地上却存在语音及心理治疗的空白，我带领的团队连续三年开展了"乐微笑"唇腭裂语音及心理康复亲子夏令营的筹备和实施工作（2023 年已经是第七届了）。在夏令营中，我们吸纳了多学科会诊、语音及心理一对一辅导、专家讲堂等内容，不断思考和改进我们的服务。希望能够更专业地进行治疗，帮助孩子们克服语音和心理障碍，让他们能够自信地面对未来。

创建 Smile 并不容易，作为一个新生社团，我们面临着人员和经费的不足，时常有人因为坚持不下去而退出。这让我对这个事业产生了气馁和怀疑。但幸运的是，万事只是开头难，一旦步入正轨，就会是另外一番景象。在这个过程中，我学会了如何领导团队、确立组织宗旨、确定工作重心、合理安排人事、建立财务制度，并且还参加了各种比赛，以赢得更多的关注和支持。然而，最重要的是，我学会了如何保证团队的延续和初心的传承。这对于一个组织的长久发展至关重要。我喜欢阅读各种"杂书"，尤其是中国和欧洲的近代史。甚至在高中时，我就开始阅读相关的研究论文。这些阅读经历为我在创建 Smile 的过程中遇到的各种困局和难关提供了宝贵的启示。历史是一面镜子，我们可以从中找到答案。解决问题并不难，只需要在前人的经验基础上做一些小小的改动。正是这些改动，使得 Smile 的运转非常顺利。这也再次证明了多阅读的实际意义。读研以后，凭借在武汉大学的经历，我成功当选北京大学口腔医学院研究生会主席。同样，我成功地将团队从草创阶段带入正轨。可以说，Smile 的经历时时帮助着我，让我能够从全局思考问题，从细微处找到破局的关键。

 ## 努力成为"六边形医生"

步入研究生阶段以后，我的生活和工作重心依然回归到了我的本职——医生。因此，在研究生期间，我投入了大量的精力去努力学习，特别是努力培养全面的临床思维。我相信医学的本质是为了治疗疾病，无论是口腔问题还是其他疾病，我都希望能够帮助患者恢复健康。在我的职业生涯中，我始终坚持着这个信念，并努力将自己的知识和技能应用于不同领域的医学实践中。我将课本上的知识内化为我思考和行动的依据和准则，力求成为一名合格的医师。

我很庆幸我的努力没有白费，在 2020 年的病房管床期间，我面对一名肝硬化胃底静脉大出血的病人时，展现了快速应变和正确处置的能力。面对这种紧急情况，我迅速采取了措施，包括停止出血、补液、输血等，最终成功挽救了病人的生命。在新冠疫情期间，我在发热门诊遇到了一名年轻的心梗病人。通过仔细的询问和观察，我怀疑他可能患有心梗，并立即给他做了相应的检查和诊断。我的判断得到了证实，及时地发现了病情并进行了救治。这是我作为医生最开心的时刻，虽然我是一名口腔医生但我能够发挥自己的综合性能力，为病人带来希望和生命的延续。这种综合性的能力使我能够在不同的医疗场景中发挥作用，为更多的病人提供全面的医疗服务。

面对疫情的严峻形势，我们医院迅速组织了发热门诊，以便及时诊治疑似感染新冠病毒的患者。作为一名口腔医生，我虽然专注于口腔领域的工作，但在这个特殊时期，我义不容辞地投身到疫情防控的战斗中。在2022年12月的发热门诊工作期间，我负责接诊发热病人。每天早上，我准时来到门诊大厅，穿着防护服、戴着口罩，准备迎接病人。由于当时正值冬季，发热病人数量较多，我需要迅速而准确地对他们进行初步的筛查和诊断。确保每位患者得到及时的诊治和妥善的隔离。除了接诊发热病人，我还参与过度通气患者的处理工作。这些患者通常是由于呼吸系统疾病导致呼吸困难，需要进行机械通气治疗。我与呼吸科的医生密切合作，共同制定了针对每位患者的个性化治疗方案。在治疗过程中，我积极参与患者的护理工作，包括口腔护理、协助呼吸机的使用等，以确保患者的舒适和安全。

在这段时间里，我深刻体会到身为一名医生的责任感和使命感。面对疫情的冲击，我时刻保持警惕，严格遵守防护措施，确保自己和患者的安全。尽管工作压力很大，但我依然坚守岗位，尽我所能为患者提供最好的医疗服务。我相信，只有我们共同努力，才能战胜疫情，保护人民的健康。

新星之秀崭露头角

在专业领域方面，我积极参与各学会组织的临床病例比赛，并多次获得荣誉。

其中，我曾获得中华口腔医学会新星秀壁报展的最高奖项——新秀之星，这是对我在口腔医学领域表现的认可。我还有幸进入中华口腔医学会美学专委会美学病例大赛的全国 50 强，这也是对我在美学方面的专业能力的肯定。此外，在临床工作中，我也留心当前临床实际中的不足之处，努力进行多学科融合和创新。我的相关研究成果已经在专业科睿唯安（JCR）Q1 区杂志上发表了论文。

珞珈求学收获更好的自己

在上大学之前，我曾经有着严重的"社交恐惧症"。我不愿意与陌生人交流，尤其是害怕打电话联系。甚至当家里的路由器坏了，我都害怕给电信的工作人员打电话。大一的时候，我参加了校会、校青协、院会和 Smile 服务队，并担任许多组织的职位。通过这些经历，我学会了与人打交道的基本技巧，并在个人思考方面有了很大的收获。在加入校学生会并参与大型项目的组织后，我在频繁的 PPT 展示、演讲和沟通过程中逐渐克服了"社交恐惧"。我开始能够自信地上台发言，讲话有条理，初步具备了一名学生干部的基本素质。到了大二和大三，我结合个人在团队发展方面的一些见解，逐步晋升为院学生会的常务副主席，负责处理院内的学生事务。如今，在各方面事务的处理上，我已经感到游刃有余。在武大的这些经历锻炼了我的能力，鼓励我走出舒适圈。

回想起这些年来在武大的经历，我感到非常庆幸和幸运。武大以及武大口腔，给我提供了良好的学习环境，并通过非常包容的态度鼓励我的创新，也包容我的失败。如果没有选择来到武大，我可能无法享受到这样的学习环境和机会，也无法成为现在的自己。本科毕业后我来到北大读研读博，从珞珈山到未名湖畔，多个不同的培养环境，让我变得更好、更成熟、更全面。"为天地立心，为生民立命，为往圣继绝学，为万世开太平"，横渠先生的四句话是我医学之路的座右铭。在这里也送给学医的学弟学妹们，积跬步以至千里，医学是一项伟大的事业，它关乎人类的健康和幸福。学习前人的经验和智慧，不断提升自己的医学水平；不断创新，为医学事业的发展作出贡献。

讲好『三农』故事
答好时代答卷

龚晨在农业农村部工作期间照片

龚　晨 ·····································

　　1994 年 12 月生，黑龙江绥化人，中共党员。武汉大学资源与环境科学学院土地资源管理专业 2013 级本科生、2017 级硕士研究生。长期致力于智慧城市、智慧农业，土地经济与政策等方面的研究与应用，曾实践锻炼于天津市武清区委组织部。多次获得国家奖学金，在全国大学生英语竞赛、中国研究生智慧城市大赛等国家、省部级竞赛中获奖十余次，曾获评武汉大学优秀学生共产党员、优秀研究生标兵、社会实践先进个人、优秀毕业生，农业农村部青年干部理论学习交流二等奖、公务员年度考核优秀等荣誉。曾任武汉大学研究生党建研究会会长、武汉大学青年讲师团讲师（学生、校友）、党支部书记。现任农业农村部公务员，于山东莒南县十字路街道挂职党支部书记助理。

每一名武大人的心底，似乎总有樱花的"一席之地"。我想，这情感之中难舍难分的，或许不只是春天里樱花城堡下的游人如织，也不只是那5000余亩魂牵梦绕的花香满园；这小小的樱花，承载的是一代代武大学子的精神寄托，是青春的奋斗足迹，是"珈"的专属记忆。

求知在武大，东湖之畔定初心

从松花江畔到长江之滨，作为一名土生土长的东北孩子，要说对南方的向往，那不得不从武大说起。小时候特别喜欢地理，有个爱好就是整天趴在地图上记地名，每每看到武汉三镇的地理分布，都不禁想一睹长江之上"一桥飞架南北，天堑变通途"的雄伟壮阔。后来到了高中，语文课上老师讲述湖广总督张之洞创办自强学堂，一幅夜晚灯光下老斋舍的摄影图片令我印象深刻，那流露出的静谧和厚重让我心驰神往，这，就是我梦想中大学的样子。

考武大，目标定下了，缘分也便由此开始了。这个想法伴随了我的整个高中生涯，从未改变。迷茫时，无助时，也成为激励我不断向前的动力源泉。念念不忘，必有回响。2013年高考，我第一志愿报考了武汉大学，并如愿录取到最喜欢的地理类专业。

金秋九月，背起行囊，满怀憧憬，在父母的陪伴与见证下，我的珈时光正式开始了。曾记得，校门口与武大的第一次邂逅。难忘的瞬间竟被记录在新牌坊落成典礼的新闻稿里，不经意间的"小确幸"让我欣喜，也是从那一刻起，珈的印记便深深镌刻在我的心里。

如果让我形容对于武大的感情，与其说是"日久生情"，不如说是"一见钟情"。

入学伊始，整个校园上下无不沉浸在120周年校庆的浓厚氛围之中。精彩纷呈的庆典活动，"高大上"的名师大咖讲座，应接不暇的校友专家论坛，仪式感满满，荣誉感爆棚。校庆犹如一堂生动的新生入学课，岁月的沉积，历史的余味，珈山尽情地散发着她的魅力。

徜徉珈山水，何度青春年华？思政课，在爬满青藤的教四楼里，在伫立的六一亭前,与先烈前辈隔空对话;专业课,在星湖畔的德仁广场上,透过架起的测图仪丈量经纬;选修课,"变形金刚"里畅想宇宙新概念,樱顶教室里趴窗边也要蹭的恋爱"必修课"。

想运动,宋卿体育馆扣篮挥拍,桂园操场驰骋绿茵;想娱乐,梅园操场虚位以待;想看书,"总图信图工图",总有一款适合你;品美食,数不清的食堂来满足你。武大的建筑,有时多到你很难找到;武大的课堂,更是多到你意想不到。武大之大,在大楼,更在大师。还记得爬上老图书馆珞珈讲坛一睹大家风采,在"测绘学概论"课堂听六院士联袂同讲一门课,到哲学院感受苏德超老师的哲学课思辨古今中外。

在武大,我不仅有机会在专业领域打下坚实的基础,通过丰富的实践课程锻炼提升实操能力,还有机会得以在更广阔的知识体系中探索和遨游。通过学校的大学生创新实践计划,本科期间我便进入导师课题组开展课题研究,并积极参加了各类科研和学科竞赛并斩获奖项。硕士期间,导师焦利民教授严谨的治学风格和谦逊的求知态度时刻感染着我。在导师的指导下,我们瞄准城市扩张和人地关系,继续在专业领域深耕探寻,为人类如何高效利用土地寻找最佳的解决方案。

 成才在珞珈,时代感召立大志

2020年初夏,求学七载,暂别"珈"园,终要出发。就是在那个特殊的年份,我毕业了。

还没来得及拷贝寒假前机房电脑里处理好的科研数据,还没来得及来一场说走就走的毕业旅行,更没来得及拍一张毕业大合影。就这样,"慌乱"之中又"不慌不忙",随着"云答辩"委员会宣读全优通过,我们也迎来了人生的又一重要时刻。

《武汉大学章程》中写道:"以谋求人类福祉、推动社会进步、实现国家富强为己任。"一入学,这掷地有声、铿锵豪迈的话语便深深地触动了我,并指引我成长，也在心底里种下了梦想的种子。

"尽吾所能，用吾所学，佑吾所及，偿吾所愿。"随着知识的积累和心智的成熟，目标逐步清晰，脚步愈加坚定。毕业后，我选择成为一名选调生。是武大，让梦想的种子得以在这片沃土上生根发芽。起初，对自己的人生规划并不明确，也曾一度陷入迷茫。在校期间丰富的学生工作经历和多彩的社会实践活动潜移默化地影响了我，并帮助我逐渐明晰了职业定位。

大一军训期间，火热的"百团大战"实在让"小萌新"们大开眼界。原来，大学里可以干这么多事儿。

校学生会秘书处，在樱顶值班室见证珞珈山的朝阳晚霞，目睹樱花大道的人山人海，切身感受学生组织如何全心全意为学生服务。院会体育部，学校各类赛事的台前幕后总能见到我的身影。或许我正身处"组委会"，精心策划一场"飞人大战"；或许我在"搬砖"拉物资，为选手提供最佳的器材保障；或许我又当起了裁判和记分员，吹响球赛开场的"冲锋号"。青年志愿者协会、乒乓球俱乐部、相声小品协会、班级班长……我活跃于各类学生组织，也逐渐成为同学们眼里的社团"小达人"，各种新奇的体验也着实让我过了瘾。更重要的是，我的各类技能得到了全方位的提升，还收获了一群志同道合的朋友。

然而，随着那段充斥着新鲜感的"青春冲动期"的度过，内心渐渐产生了些许的空虚，但空虚绝不是虚度。看着第一学年勉强中游的学业成绩，寥寥几次的图书馆借阅记录，我开始意识到是时候认真规划自己的大学生涯了。就这样，我的目标被"折腾"了出来。

为什么选择选调之路？

首先，是初心的引领。说到这里，不得不提起一个特殊的日子。2015 年 6 月 12 日，这一天，我光荣地加入了中国共产党。从高中时期第一批入党积极分子，到 2013 级同届第一批上党校，再到本科第一批入党，对我来说，那是至高无上的荣誉。重温入党初心，有点"幼稚"又"不简单"，我就是想和优秀的同志为伍。一场在武大的"红色之旅"就此启程。

自从成为这优秀队伍中的一分子，便有了一种无形的压力和动力，这种力量敦促着我必须奋勇向前。学习，是第一要务。经历了成绩下滑的落寞，我开始奋起直追。上课抢着坐前排，下课追着老师请教答疑，周六日遨游书海，假期留校"加餐"，综测成绩一路逆袭，从大二无缘奖学金到大三斩获国奖，并获得保研资格，我也来了个"咸鱼翻身"。

本科期间，学习成绩的提高帮助我重获自信，也再次激励我接触更多的学生活动，更有针对性地提升自己。我积极参加党支部学习，打开专业以外新世界的大门，获取最新的政策理论知识，培养更富逻辑的思维方式。我加入学生党支部书记联席会，有机会进行深入的理论学习，参与到更多的党组织活动，在身边党员朋辈的影响带动下进一步坚定初心。

硕士期间，在繁忙的学业任务之外，努力攀登科研高峰的同时，我依然在多个舞台上充实着自己。红色印迹引领着成长足迹，在成为一名学生党支部书记的三年时间，我带头讲党课，将党的创新理论播撒在同学们心间；开展各类主题党日，在"八路军武汉旧址""八七会议旧址"等红色教育基地接受精神洗礼；坚持发展党员，所在专业班级毕业生全员入党，获评学校先进学生党支部，并多次在各级各类党建竞赛中斩获桂冠。

研究生一年级起我便加入学校研究生党建研究会，并逐步成长为主要负责人。党建研究会，在我的"研途"风景中留下了浓墨重彩的一笔。这是一个由各院系研究生党员骨干组成的坚实队伍，这里有最强有力的指导老师，有最靠谱的战斗伙伴。寒暑期社会实践，我们的脚步遍及祖国的大好河山。在神州大地各个角落，话家乡发展变化，如访宜昌、游红安，重走领袖足迹，飞扬珞珈青春。

一次挂职实践经历，让我更加坚定地将选调生作为自己的职业目标。得益于研工部的实践锻炼项目，我于研二暑期在天津市武清区委组织部开展了为期一个月的政务实习。参与政策文件制定，探寻基层政府如何高效运转；开展课题研究，领悟党建引领下的基层治理密码；深入乡村一线，参与人居环境整治绘就乡村振兴蓝图。短短30天的基层工作初体验竟让我着了迷，我还想继续为之奋斗。

回校后，我还成为校团委青年讲师团的一员。结合自己的学习实践经历，聚焦青年主题，开展宣讲数十次、受众近万人，立志以青年视角讲好青春故事。我还在毕业前解锁了新身份，成立创业公司，上线多款 App，获得种子轮融资。作为一名"小球"爱好者，除了参加学校的各类比赛，我还担任武汉网球公开赛、军运会羽毛球等赛事志愿者，在国际赛场展现中国青年的时代风采。

其次，是环境的熏陶。皇皇武大，蕴藏着无数红色故事。巍巍珞珈，涵养了多少仁人志士。武汉大学自建校开始，就与中华民族的伟大复兴紧密相连。1913年，武昌高师成立，武昌高师附小成为湖北传播新思想的重要阵地。1920年，董必武、陈潭秋在武昌高师建立了湖北最早的社会主义青年团。1921年，中共一大召开，标志着中国共产党成立，出席的13位代表中有5位曾在武汉大学学习或工作。1927年，中国共产党第五次全国代表大会在武昌高师附小召开。

罗荣桓从这里走向秋收起义，李四光骑着毛驴择定珞珈，周恩来在"十八栋"发表抗日救国演讲，解放后毛泽东主席再访珞珈山……红色传统和革命精神滋养了一代代武大人。在中国革命的历史长河中，处处活跃着武大人的身影。

历史的车轮滚滚向前，在改革开放的黎明前，武大人再次吹响时代的号角。"恢复高考""真理标准问题大讨论"……与时俱进、勇立潮头，武汉大学既是改革开放伟大事业的见证者，更是参与者和推动者。成长在这样一所深刻烙印着红色印记和爱国传统的现代大学，一所与国家民族同呼吸共命运的高等学校，我们使命在心，重任在肩。

最后，是时代的呼唤。新时代，与祖国共奋进的武大人依然选择挺膺担当。首颗夜光遥感卫星"珞珈一号"，南极科考队青年科学家，雷神山医院医务工作者，研究生支教团，博士生镇长团……珞珈学子在各条战线上奏响着时代的强音。

每年六月，都有这样一个群体。他们响应祖国号召，远离故土家乡，放弃优厚待遇，以"选调生"的身份走出校园，奔赴祖国各地，投身基层建设，贡献青春力量。将个人理想奋斗融入祖国建设和事业发展的强大洪流，是人生一大幸事。而选调生就给即将踏入社会、面临职业选择的学子们提供了这样一个机会。小我融入大我，青春献给祖国。这是时代对武大学子的召唤。

行走在基层，投身"三农"展担当

2023盛夏，回"珈"，归来仍是少年！

2020年的毕业典礼，我们中的绝大多数因疫情无法来到现场。"线上＋线下"，一场"如约而至"的大雨，毕业生们在云端相聚，接受了这场风雨中的洗礼。加之因正在北京参加选调生的面试，我也无法到场，为此留下了青春的遗憾。

"实干担当，家国情怀，是武大的精神，也是武大人的气质。从珞珈山下出发，我们应时刻满怀热忱，将个人所学与专业特长应用到蓝天、净土保卫战和乡村振兴战略等祖国最需要的地方之中，在中华民族伟大复兴的中国梦实现征程上，一定有武大人靓丽的身影。"

幸运的是，三年前，国家体育场鸟巢前，作为唯一的硕士毕业生代表，透过镜头在奥场上流露了自己的心声和期许。

更幸运的是，三年后，再回珞珈山，我还保持着毕业之初时的那份热忱，也正践行着当初许下的略显稚嫩又"豪迈"的誓言。

"虽迟但到！武大2020届毕业典礼即日报名。"2023年5月，学校官微的一则推送，让平时不太热闹的同学群内炸开了锅，也引来了一波波的回忆潮。跨越山海，只为重逢。母校的牵挂从不会缺席，一拍即合，天南地北武汉见！

从工作地山东莒南到江城武汉，我又回到了这座英雄的城市，回到了这所伟大的大学。

繁忙的工作，遥远的旅途。我们不约而同选择归来。是为了弥补青春的遗憾，是为了补拍一张美美的学位照，是为了见见阔别已久的老师同学，更是为了重温理想初心，重拾再出发的勇气。

传珞珈百卅薪火，承强国青春黉光。返校期间，学生就业指导中心专题举办选调生校友咨询日，校团委联合学工、研工部门举办选调生校友座谈会，学院举办毕业校友座谈会。作为校友，也是一名往届"选友"，谈不上"过来人"的经验之谈，感恩有机会坐下来同学弟学妹交流我的心得感受，也再次聆听师长的谆谆教诲。

谈初心，武大引领我成长。

个人的理想追求，环境的影响熏陶，时代的感召呼唤，"基层"，成为毕业时职业选择的不二之选。毕业后，通过学校推荐，我考取成为一名农业农村部选调生。或伏于案前，制定政策文件，描绘国之大者；或躬耕基层，穿梭田间地头，服务一线群众；农业、农村、农民，便是一切工作的出发点和落脚点。

不管身处何地，心中一直铭记的是武大人应有的担当。

谈奉献，武大教会我担当。

参加工作不久，我被组织选派至位于沂蒙革命老区的山东临沂莒南县，开展基层帮扶和挂职锻炼。两年来，我扎根沂蒙乡村，与农民群众朝夕相处。在春种秋收中体悟守好大国粮仓的艰辛不易，在田间地头感悟新时代"三农"工作伟大成就，在基层实践中深刻领悟习近平总书记"以学促干"的重要指示精神。

扛稳"粮袋子"。回想初到基层，我的内心既期盼又恐慌。好不容易过了"方言关""生活关"，当地领导便给我压了担子，我也主动向前。从"小龚"变成了"龚局长"，还是全县农业技术推广的主要负责人。从来没种过地的我如何帮助莒南县扛稳国家粮食安全重任？压力变动力，我坚持学习新思想，补习农业知识，努力克服本领恐慌。我带领农技人员下田地探苗情，访农户搞培训，督浇水促壮苗，"一喷三防""虫口夺粮"，为夏粮丰收保驾护航。

端稳"油瓶子"。大豆产能提升攻坚战，大豆玉米带状复合种植任务。我坚持每村必到，每亩不落。整个夏天走遍全县16个乡镇，到访种植主体200余次，推广复合种植1万余亩。"三农"广阔天地，大有作为。我还利用遥感知识开展农情监测，解决生产难题，为农业插上科技的翅膀。从清晨忙到日暮，一个小铲儿、一把标尺，就是我的"战斗武器"；从春末忙到秋初，田埂上一碗凉粉、一张煎饼，就是我的"工作餐"。皮肤黑了，书生气褪了，也总算沾了泥土气。

装满"钱袋子"。直面基层，倾听百姓呼声。针对当地花生产业在联农带农方面发展缓慢的现状成立调研组，围绕"三品一标"建设，创新推广"一订四统"产销模式。走企业，访农户，进工厂，召开座谈会50余次，实现全县订单种植农户超60%，人均年收入增长超150%。百姓的"钱袋子"鼓起来了，小花生成为农民增收致富的"金豆豆"。

谈未来，武大带给我力量。

如今，我又成为一名驻村干部，带领全村巩固拓展脱贫攻坚成果，实现增收致富，感觉身上的担子更重了。"武汉大学毕业生""国家部委选调生"，看着老乡们眼里的期许，我不敢停歇，还得再加把劲儿干。

作为东兰墩村党支部书记助理，驻村蹲点期间，百姓的冷暖必须时刻放在心上。农村疫情防控攻坚时期，积极协调各方资源，为困难群众发放价值万余元的防疫物资，筑牢健康屏障。争取政策扶持，联络派出单位及出版机构，先后捐赠两批1500余册书籍，打造"爱心书屋"，助力乡村文化振兴。立足资源禀赋，坚持党建引领，大力发展乡村产业，拓宽村集体增收致富渠道，聚焦板栗、茶叶深加工，探索农业三产融合。现在，村里的"土特产"实现了出村进城上网，成为远近闻名的"金招牌"。

都说武大校友最给力、最团结，我可真见识到了。一到山东，校友会的前辈们便热情地向我发出了邀请函。临沂大学史云飞校友课题组的元宇宙技术，成功在村里的高山生态茶园落地生根，数字乡村建设让科技赋能乡村振兴成为现实。铁塔公司王凡忠校友，帮助村里建铁塔、强信号，让老乡实现5G畅游。接下来，我还将在校友的帮助下，深化合作机制，探索更多可能，共同助力沂蒙老区高质量发展。

行走田野，感知乡村。乡村振兴的主战场，武大学子在行动，"自强、弘毅、求实、拓新"。每一名镌刻珞珈印记的武大人正在世界各地、各行各业的岗位上默默耕耘，绽放着属于自己的独特光芒。我也会继续在我的平凡岗位上踔厉奋发、笃行实干，讲好"三农"故事，答好时代之卷。

医学之路：在理论与临床实践中寻求精进

赵东在进行基础科研课题研究

赵 东 ······

　　1989 年 1 月生，湖北洪湖人，中共党员。武汉大学第一临床学院 2015 级硕士研究生、2018 级博士研究生，曾在 2020 年武汉新冠疫情期间以学生党员身份深入"红区"参与疫情救治工作；以武汉大学青年讲师团和武汉大学博士生宣讲团为平台，多次面向全校师生及社会进行主题教育宣讲。曾获评 2020 年全国最美大学生、2021 年全国百名研究生党员标兵、湖北省向上向善好青年称号、武汉大学十大珞珈风云学子、武汉大学五四青年奖章、武汉大学人民医院"优秀共产党员"、武汉大学人民医院"医疗春苗"、武汉大学人民医院 2022 年度先进工作者等荣誉称号。

从选择学医的那一刻起，我深知医术的精进是一个不断学习总结的过程。因此我在 2018 年 6 月硕士研究生毕业后，有幸申请获得继续在武汉大学从事呼吸内科博士研究生学习的机会。在进入博士研究生阶段后，我最明显的感觉是生活节奏明显加快。除了在导师指导下完成基础科学研究任务外，我作为一名专业型博士研究生也一直在接受必要的临床锻炼。

在硕士毕业后的那个暑假我就留在学校，提前开始着手准备博士阶段的课题研究设计，并且与导师沟通设计的可行性。也正是由于提早着手准备，在第一学期理论课程结束时，我就开始了课题研究。而在这期间主要的临床工作则是跟随导师上门诊以及科室的值班。我曾经不止苦恼于临床与科研安排的冲突，但经过多次的反思、调整以及与同学之间的交流，我得出的经验是合理地进行规划。一般临床工作的开展有大致固定的流程，而科研实验的安排也有相应的章法可以遵循。也正是这样一段经历，我渐渐养成了做规划的习惯。但突如其来的疫情是我临床学习的又一课堂。

是走？还是留？作为医科生，我选择留汉！

2020 年年初，武汉各大医院陆续接诊到不明原因的病毒性肺炎感染患者。1 月 22 日，我跟随导师上完农历新年前最后一个门诊。当天，门诊病人特别多，仅病毒性肺炎患者就有 20 多个。

此前，钟南山院士接受媒体采访时已明确新型冠状病毒性肺炎具有"人传人"的特点，并且可能有 2 周左右的潜伏期。原计划 1 月 22 日下门诊后就返乡的我，虽然预感到"此时不回，很有可能就回不去"的情形，但当天门诊不断增加的病毒性肺炎患者让我又有了迟疑。在认真评估了自己作为潜在传染源的可能性及返乡后可能造成病毒蔓延传播的风险后，我选择留汉并参与科室值班。春节期间，我一直在武汉大学人民医院本部科室跟随上级医师参与值班，度过了一个特殊意义的农历新年。

2020 年 2 月 3 日，收到科室消息，武汉大学人民医院光谷院区将作为定点医院救治新冠肺炎患者，主要负责接收、救治危重症新冠肺炎患者，导师胡克教授将带领科室部分医护人员组成医疗队进驻光谷院区接管十一病区，其他人继续留守本部维持基本诊疗工作。我主动找到导师，表达了想要加入"前线"的意愿，作为一名准医生，更是一名共产党员，想到全国各地的医疗队支援武汉，此时此刻更应义不容辞。这是一次挑战，也是一次学习的机会。当时并没有想到，这一奋战就是 120 多天。

是休息，还是工作？线上发光，为居家隔离保驾护航

高强度的工作之下，脱下防护服是珍贵的休息时光。在新冠疫情暴发初期，当时患者的人数不断增加，但医务工作者、医院等医疗资源暂时无法满足患者的激增，很多轻症患者只能在家自我隔离。

偶然的机会，我看到学院群里发布招募医务志愿者的消息，因此报名加入"社工共振"团队，成为一名线上医务志愿者，主要是对居家隔离的患者开展相关的疾病咨询，同时上报发现可能病重的患者，以便于病重患者得到及时救治。在约 60 天的时间里，为武汉市 2 个小区的居民居家隔离群提供了在线医疗咨询服务，用所学医学知识为居民耐心细致地答疑解惑、提供帮扶。

是医生，更是学生，我是一块砖，哪里需要哪里搬！

初来病区，第一批入住患者中病情危重的人数很多，大部分患者除了鼻导管吸氧勉强维持正常氧饱和度外，有的患者需要借助于高流量吸氧、无创呼吸机等才能维持生命体征的稳定。由于氧气需要量巨大，中心供氧有时面临压力不够的情况，所以病区采用氧瓶来解决患者吸氧氧压不够的问题。面对医护人员不足的现状，我在协助日常诊疗之余主动参与隔离病区的氧瓶运送工作。

隔离病区内的患者，面对"全副武装"的医护人员，在不同于以往正常医患诊疗的环境下往往会有心理方面的变化，而对于伴有心理疾病病史的患者，这种心理上的不佳体验会被放大。记得有一次，我接诊的一名有抑郁病史的患

者，来病区治疗的第一天夜晚，这名患者拉着夜班护士的手才安睡下去。第二天，我主动对这名患者开展心理疏导。通过交流，了解到这名患者是看到网络上各种言论后，对自己能否治愈及预后恢复抱有消极态度甚至感到绝望。为了帮助患者消除负面情绪，一方面，我搜集整理了病区治疗好转出院的例子，一个个地给这名患者介绍；另一方面，耐心地向患者科普新冠肺炎治疗进展，在每次查房时还多与这名患者进行言语互动。最终患者在接受药物治疗的同时，也树立了战胜疾病的信心，在住院治疗 14 天后核酸转阴出院。整个期间，我所在的11 病区累计诊治 130 余例患者，均顺利治愈出院。

 ## 榜样宣讲，绽放"最美"

得益于学校、医院各级老师、领导的支持，我被推选获得 2020 全国"最美大学生"称号、第二届全国高校"百名研究生党员标兵"等荣誉称号。我进一步申请参与武汉大学博士生宣讲团、武汉大学青年讲师团的宣讲工作，先后以"传承抗疫精神，做担当有为青年""70 余载慰情志，德馨怀袖鉴党心""传承'抗疫精神'，为构建'健康中国'而奋斗""战疫中彰显的中国医疗力量"等为主题受邀参与宣讲。我通过线上线下相结合的方式面向青年大学生开展宣讲，以亲身经历弘扬伟大抗疫精神，以青年声音传递党的创新理论。这一段宣讲的经历，也提高了我对个人与集体关系的认识，也让我更加深刻领会了习近平总书记"伟大出自平凡，平凡造就伟大"这一论述的深刻内涵。

转眼到了 2021 年 7 月，迎来了博士毕业，我顺利入职武汉大学人民医院，继续开展医疗工作。当 2022 年上海出现新冠疫情时，我依然主动报名，以湖北省援沪医疗队队员身份参与 2022 年上海新冠疫情救治工作，希望在贡献自己光和热的同时，使自身得到不断成长。

当下成为一名医务工作者的我，将继续抱着不断学习、总结的态度，坚持在面向人民生命健康中服务他人，提升自己，从而努力成为一名医术求精、医德修诚、医研相辅的新时代医学人才。

我永远走在 珞珈的路上

《新闻联播》报道王琇琨参与庆祝中国共产主义青年团成立100周年大会并分享感想 / 马力拍摄

王琇琨 ....

　　1997年11月生，山东济南人，中共党员。武汉大学外国语言文学学院德语专业2019级硕士研究生。新冠疫情期间，王琇琨组织武汉大学志愿服务一线医务人员子女关爱行动，带领1549名志愿者为641名一线医务人员子女提供两万余小时线上服务。作为唯一一名中国青年代表三次参与联合国网络直播研讨会，作为全国唯一一名大学生党员代表参与中宣部"新时代青年的青春担当"中外记者见面会，先后被中央电视台、人民日报社、新华社等关注报道。曾获评联合国"全球青年抗疫榜样"、研究生国家奖学金、湖北省"长江学子"、湖北向上向善好青年、湖北省"百生讲坛"省级优秀主讲人决赛特等奖、武汉大学青年五四奖章、武汉大学十大杰出青年等荣誉。曾任中华全国学生联合会驻会执行主席、武汉大学研究生会执行主席、武汉大学团委青年志愿者行动促进中心副主任；现任北京师范大学国际交流与合作处青年干部。

在母校 130 周年校庆之际，写写我的武大生活，对我来说是莫大的荣幸。想感叹的事情真的很多，因为我从未想象过进入武大后的这三年，我毫不夸张地说，是我近 20 年求学生涯中最难忘、最幸福，也最像梦的一段旅程。

武大太大，所以最多的就是路，纵横交错，上下曲折。刚入学的时候常常迷路，摸索着地图在各种小路中穿梭才能找到目的地。直到毕业，学校的很多地方我还是没走熟，但我永远记得我走过最多的两条路：从三环翻越珞珈山到外院的路，和从雅各楼沿着东湖边回到三环的路。

在武大，我寻找语言专业的意义

来武大之前，我从来没想过从宿舍到学院是这么遥远的"旅途"。从三环学生公寓出发走一站路，到了东湖村"村头"便开始爬山。山路极为拥挤，两边的平房楼房像俄罗斯方块一样插空摞在最适合自己的地方，汽车、电动车、自行车再加行人，都横冲直撞地堆在同一条小巷，有时还有突然冲出来的小猫小狗或是小朋友，我对武汉"浓浓烟火气"的印象就来自于此。路边一间一间奶茶店、小吃店甚至五金店都会吸引我们的目光，也是导致我们虽然早早爬起来去上课但还是卡点到教室的"罪魁祸首"。这之中"妈妈餐馆"是我们最常吃的东湖村小店，苍蝇小馆环境一般，但称得上物美价廉，也确实有些妈妈的味道。走完这条东湖村的路，跨过只容一人通过的迷你校门，我们才算是真正进入学校地界儿了。

进了校门路依然难找，左拐右拐的弯道太多，岔路口也太多，好几次我一个人往返都走错了分岔口。但环境是一顶一的好，永远是郁郁葱葱的，无比养眼。山路边竖着警示牌，上面画着学校的网红小狐狸，注明"谨慎与野生动物接触"，然而我这三年都没碰上，没能亲眼见到珞珞、珈珈是莫大的遗憾，还好在学生工作中常常将它们拟作卡通形象，以飨渴望相遇的心。转过环山北路的急转大弯，终于能看到教学楼了，然后路过枫园，之后总算是走了这么多上坡之后最爽快的大下坡——侧船山路。"侧船山"一名起得太形象，骑着车过这个陡坡如果控制不住真的会"侧翻"。我最喜欢从顶端一路冲到底儿,是走完山路后一下把所有气全都喘出来的感觉,保证在早上上课前神清气爽。

从侧船山路一直走到尽头左转便到了我们的学院楼。我很喜欢外院的朝向和德语系的楼层,能晒到晨起的太阳,也能远眺群山。上课偶尔走神的时候,我就会透过对面的窗户看太阳、看山,脑子里想我为什么还在学德语——坦白地说,在读研之前,我没有找到学外语的意义。自初中读外国语学校开始学习双外语以来,我已学了10年德语,起初是因为中学设置了双外语学习模式,后来因为外语类保送,就把这个专业一直读了下去。本科侥幸靠着"小聪明"完成了课业,多少也有些吃初高中的老本。把语法、单词记住,通过考试,好像就是学语言的全部。到了读研依然延续德语专业,越走越远的过程中我却越来越迷茫,学外语到底是为了什么?仅仅是会说会翻译就是学外语吗?脑子里瞎想的时候,包老师的侃侃而谈总会把我的胡思乱想全部勾回来。

包老师是我的导师。入学前包老师对我进行面试,那时觉得包老师很儒雅温和,话不多,但对我说的任何话都会表示赞同肯定。我在网上搜武汉大学德语系时看到一篇论坛帖子,说包老师会把德语课上成数学课、物理课,我感觉很有意思,又觉得有些不可置信,德语能跟数学物理联系到一起?

直到上了包老师的课,我才发现,真可以!包老师有门课叫作中德语言文化比较,他会从《人间词话》开始讲起,将王国维强调的境界"情景"与尼采和里尔克所说的"真"联系到一起;他会讲中西在表达中的不同,进而通过《周易》《红楼梦》讲中文里的隐喻特征,通过欧式几何、毕达哥拉斯定理讲西方的理念演绎;他会从自由落体公式讲到知识和理想化假设的关系……包老师是哲学专业出身,很多知识讲得深奥但有趣,只可恨我的理解能力有限,只能从课上感受到知识面无限扩展的乐趣,却还没能真正理解和挖掘背后的哲学思维。

不仅是包老师,我在这三年遇到的武大老师们,知识面都无比之广,所涉猎的领域也都超乎学生的想象。从他们身上,我好像明白了语言学习的意义。太久以来,我把语言专业想成了一条直线大马路,好像把发音、单词、语法学会了,就算是会了一门语言。但这样的语言最多是交流工具,而不是一门专业。其实学语言,应该就像我从三环走到外院的这条山路,它不该是单线条的,它先有人的声音代表着人的生命意志，再有自然的声音代表自然的历史演变，还会有无数曲线波折彰显着国家的发展变动，最后融汇成一种文化的精神血脉。自此，我不会再觉得"语言专业找不到工作没有意义"，而是真正用心用脑去感受一句句字词段落背后的意味，也希望能通过自己的阐释让更多的人读懂弄通。是的，语言学习者就是"文化传播的使者"，不同语言间有些话纯靠翻译是无法互相理解的，只有深挖了语言发展脉络、修辞手法、社会背景，再去搜索与之相关的专业知识，才能一点点摸透笔者的真正含义，才能让不同文化世界的人沟通起来。

翻山越岭的这条求知路唤起了我真正的求知欲，"求"，就是想不断汲取——武大为我们提供了博大的、无穷的知识宝库，带给我们更宽广的视野和更高远的格局。知识沉淀厚了，底气足了，我们就能以更自由、更包容的眼光看待世界、探索世界。

 ## 在武大，我触碰志愿服务的灵魂

在武大，我有一半的时间在宿舍或学院，另外一半时间"驻扎"在雅各楼。雅各楼伫立在世纪广场之上，我最喜欢在世纪广场的台阶下仰视雅各楼，真是"对称控"的福音，左右完全一致的建筑让我进去工作的心都舒服极了。当然，喜欢雅各楼不是因为这座建筑本身，而是因为我在这里遇到的师长、伙伴，都是让我受益终身、铭记一生的人。

因为从初中开始的志愿服务习惯，进入武大后我第一个加入团委青年志愿者行动促进中心。小时候做志愿服务，往往沉浸于"做"上，觉得只要按部就班参与了就足够了。在中心的工作中，我接触到了各个学院的志愿服务项目，翻着手中厚厚的项目材料，看到他们从初期的小小规模成长为有十几年历史的大行动，看到他们能把自己理科、工科、法律、外语等专业知识融入志愿服务当中，我才发现，自己以往所做的志愿服务好像是"有形无神"的。我没有想过如何去精准抓住服务对象最需要的点，也没想过用自己的能力去创新服务的形式。而武大的志愿服务是有魂的。在这里，志愿服务不仅仅是个人的意愿和选择，更有"志愿者背后的志愿者"们无声的努力。

做服务、搞项目的时候，我特别特别喜欢听团委老师们讲话。老师们总是能用几个词就让人醍醐灌顶，深入浅出地把宏大意义落在具体的实践上，抓住我们看不到的点。而在提供了思路后，老师们又会给我们充分自由发挥的空间，并给予全力的支持和理解。疫情期间的服务也是如此。

2020年1月，刚放寒假回家的我看到手机上突然爆发的新闻还没反应过来是怎么回事，学校已经有了最极速的反应。先是医务人员迅速投入一线战场，然后物资运送、经费支持、校友捐献接踵而至。在家中自怨自艾、怨天尤人或事不关己都不是武大人在那时的选择。但作为远在天边的、普通的大学生，我们到底还能做些什么？这是我们当时最大的焦虑。

"既然是大学生，那就发挥你们最大的特长"，团委老师的话让我们的思路"柳暗花明又一村"。是啊，平时常常做家教的大学生们，能不能这次做一场线上大型的"义务家教"呢？"想到了就去做"，老师的支持让大家定了心，5个人的小团体也自此建立。组织这次志愿活动与以往在线下服务完全不同，我们没有那么多的工作人手，更没有充足的准备时间。带领我们的学长沉稳、可靠，以丰富的经验整理出团队每个人的分工和每个步骤的时间表，让人无比敬佩，我也很向往能够成为他那样优秀的人。

每每回忆起5人的小团队最终成长为3000多人在库的志愿大队伍，我的内心总有种难以抑制的激动与澎湃，但这也意味着巨大的工作量。召集令刚刚发出的那两天，睡觉变成了一种奢望。我们通宵匹配志愿者与医务人员家庭的信息，没有电脑程序、没有其他捷径，只能靠眼睛、靠判断，去选择最合适的志愿者与最合适的家庭。现在想来，当时的工作速度可能我现在都没办法实现了，但那时候内心只有一句话：尽快开始服务，让"逆行者"们放心！后来，这场服务的影响力越来越大，我们的服务面也从十几个医务人员家庭最终扩大到600多个来自全国援鄂医疗队的家庭，甚至带动各个高校的同学们共同做起了类似的关爱行动，这都是我们从未想过的。

回到学校后，我们在线下组建"梦想小屋"，希望打造起能够一直延续下去的"梦想珈"服务项目，几乎每个晚上为了打磨几句话都要熬到凌晨，然后或是在会议室的凳子上凑合一夜，或是苏嘉烨骑着她的"小电驴"在晚风中沿着东湖边把我送回宿舍。我很爱那样的夜晚。因为湖边很凉爽，"小电驴"速度不快，但是总能带起风来，吹干我们在雅各楼青年之家激烈讨论出的一身汗；因为很幽静，看着湖边的点点灯光，以及远方永远在旋转的、炫彩的摩天轮，会让忙碌的心绪在这一路上沉静下来，会让我思考这一天的工作，发现是有效果的、是有意义的、是让自己和他人都幸福的；更因为在前座的是我的好友、是我的战友，是我在数个月并肩作战，为了同一个目标而共同努力的精神伙伴——这种一群志同道合的人为了同一件事共同努力的感觉，实在太宝贵。

后来，雅各楼每天的日子依然是忙碌的，我在那里或是做着志愿者中心的工作，或是做着研究生会的工作。每当天暗了、灯灭了，我最后一个走出雅各楼，锁上青年之家的门，背着沉甸甸的包慢悠悠地沿着东湖走回宿舍时，我会对每一天的生活特别满足——我们所做的每一件事，都是被同学们认可的、老师认可的、社会认可的。而我们之所以能够做出这些服务、这些成果，正是因为学校提供了平台，提供了方向的引导，让我们大胆创新并敢于实践，并为一遍遍试错充当了坚实的后盾，就像我回宿舍的这条路，让人舒适，让人思考，让人信心满满地继续走下去。

 在武大，我实现自我人生的价值

从三环到外院，从雅各楼回三环，我把武大的生活过成了一个环。就当我以为，我将安安稳稳地环行这三年时，武大把我送到了从未想过的地方。

志愿服务后期，世界疫情逐渐暴发，联合国也开始关注起各国青年的心理健康和抗疫方法。他们寻找中国青年作为代表分享自己的感受和经历，而我竟被选中成为这其中之一。面试后得知自己真的要参会并分享的时候，我肾上腺素飙升：我要讲什么？我说什么能够引起全世界青年的认同？我如何能帮助到更多的人？我在直播会议中说英语能说顺溜吗？——大大小小问题出现在我脑海中，我战战兢兢地开始准备要分享的内容。说实话，我一直觉得我们在抗疫期间所做的工作微不足道，比起一线的医务人员和志愿者们更是渺小，而我能被选中的原因，是我们所做的服务与联合国这次会议的主题十分契合——"青少年"。我们在服务中关心每一个孩子的心理变化，也不忘每一位志愿者的情绪动态，这就是联合国秘书长青年特使办公室想了解的，如何帮助更多的青年渡过这次难关。在准备稿子的过程中，我与团委老师一直在交流，当向他表示了自己的紧张和担心时，他回的消息很简短：这是你能做到的，也是你应做到的。

发言其实很快就结束了。我在这场会议结束后还没怎么缓过神来时，联合国的工作人员联系到我，希望我继续参与这个系列会议的闭幕式，与联合国秘书长等人对话。后来，我又参与了联合国志愿人员组织的全球志愿人员技术会议，也参与了中宣部的中外记者见面会。

我为这种越来越多的关注感到惶恐难当，但更多的是对自己所讲内容的底气越来越足，也越来越希望通过自己的讲述唤起更多青年朋友的勇气和信念。武大学子们所做的实事真正帮助到了需要帮助的人，所以我的发言是有根的；因为学校老师们的支持信任，帮我改进内容，所以我的发言是有形的；更因为在向全世界分享我们的故事的时候，外国青年纷纷表示出的尊敬和认可，和对我们服务方式的向往与学习，所以我的发言是有效的。联合国秘书长青年特使在对话中跟我说，希望我们这个服务团队，能够不仅在疫情期间，更在疫情后，把这样的服务延续下去，帮助更多的人；联合国秘书长在对话后截图在社交媒体发文，称赞青年人在疫情中"坚韧不拔，充满智慧，积极热情地贡献青春力量"。我能以愈发自信的姿态讲出疫情中的我们：这就是武大青年，这就是中国青年！

2021 年 3 月，疫情后第一次樱花开放期。中国国际电视台（CGTN）的外国记者要来武大直播，联系到我希望我在直播中为她们介绍武大樱花。直播前我搜了很多资料，想给外国友人讲讲樱花的历史故事，但直播过程中，我们在樱花大道上遇到了许多医务人员，她们在樱花树下相拥，集体穿着疫情前统一的服装摆出同样的姿势，是感染力极高的轻松幸福。看到他们，我讲不出樱花的历史了，我讲到 2020 年 5 月我在线上与央视连线时，央视的直播中放了很多很多武大校园的空镜，空镜里樱花大道的花沉得压枝，却没有一个人的身影。樱花在认真地开着，透过镜头告诉我们，它们永远会以最美的姿态等待我们回来。我说，武汉是一座英雄的城市，武大是一所伟大的大学，武大的樱花也是坚强的樱花，它们成功等到了我们。

我越来越懂得学语言的意义，也越来越懂得做志愿服务的意义。这些用外语讲述中国故事的经历，完美地把我的武大生活也画了个圈。有了语言这样的工具，我能更自如、更地道地用世界能听得懂的语言去讲述真正的武大、真正的中国，能用我们身上的经历去带动更多的青年贡献力量，也带动更多的中国青年以自信、自强、自立的姿态站在世界舞台上讲述中国故事、发出中国声音。

2022 年 6 月，毕业典礼那天，我拍了一张天空的照片，到现在还一直留在手机里。天蓝得彻底，云白得耀眼，还沉甸甸的，感觉触手可及。典礼的过程中大家都被热得有些恍惚，我举起手碰了碰那片巨大的、像是马上要掉下来的云，忽然感觉这三年我也是这样过来的。我走在武大为我们铺就的坚实可靠的路上，带着梦想伸手触碰天空。

"学大汉 武立国"，"立国"。三年的时间，我读懂了武大的"立国"。对我来说，我从这里，从武大走向武汉、走向湖北、走向全国、走向世界，回头看我所经历的一切，无不是"自强、弘毅、求是、拓新"精神的深深烙印。我是一个再普通不过的大学生，在我多年的沉寂与平凡中，武大赋予了我专业上的底气和能力，给予了我行动上充分的信任和支持，赐予了我精神上的升华和沉淀，让我真正地认识自己、认知自己、认可自己，让我能迸发出自己的闪光点。这些经历让我明白，人生舞台有着无限的多样性和可能性，每一个机会都隐藏在学校的某个角落，都会让你从普通变得不普通，从平凡变得不平凡。

说到这里，我突然记起来，我与武大好像很早很早就结了缘。2012 年刚上高一的时候，济南外国语学校考入武大的学长回校宣讲，带来了一部自制魔幻电影，不知道各位有多少曾看过，叫《珞珈圣石传》。剧情我已经记不太清了，拍摄手法也挺简陋。但我当时很受震撼，因为这位学长是英语专业的学长，他居然能自己用有限的设备拍出一部 90 多分钟的电影作品，这不仅源于个人能力水平，也是学校开放包容豁达的精神体现。

　　武汉大学就是这样的地方，她让每个学子沿着正确的方向自由发展，她让每个人在自由发展中寻找到自己的闪光点，她让每个人的闪光点充分发挥，共同为国家、为社会、为人民作出自己的点滴贡献。真心希望学弟学妹珍惜在学校的一分一秒，脚踏武大的先辈和师长为我们铺就的每一条通向无限可能的路，带着武大烙印，永远有向上飞翔的力量。

在治水为民、兴水强国的理想中实现价值

刘国强 2023 年在赴西藏自治区墨脱县查勘路上

刘国强 ···

　　1986 年 4 月生，山东昌乐人，中共党员。武汉大学水利水电学院 2004 级本科生、2008 级硕博连读研究生。长期从事长江保护治理和水利规划设计工作，先后参加了厄瓜多尔全国水资源综合规划和雅鲁藏布江、雅砻江、嘉陵江等流域综合规划以及长三角一体化发展水安全保障规划、西南水网规划等水利专项规划工作。参加编制行业规范 3 项、专著 2 部，发表论文十余篇，先后获长江委十大杰出青年、长江设计集团经营突出贡献者、长江设计院先进工作者、优秀共产党员等称号，获湖北省工程咨询成果一等奖等 3 项省部级科技奖励。曾任水利水电学院团委委员、社团联合会主席、研究生党总支委员，长江设计公司水利规划院水资源部副主任、国际河流部副主任等职，现任长江设计公司水利规划院院长助理、流域规划部（国际河流规划研究中心）主任。

　　日月辗转，光阴似箭，转眼母校武大将迎来 130 周年校庆，不知不觉间我也从母校毕业 10 年了。抚今追昔，犹在昨日。诸多记忆不断翻涌，勾起人生中最珍藏的回忆、最值得回味的故事，那是青春，是稚嫩，是成长，是在珞珈山的挥斥方遒，是在东湖畔的乘风破浪。

　　我出生在山东潍坊的一个农村，父母都是农民，终年面朝黄土背朝天地在地里劳作。2004 年 6 月我参加高考，被武大临床医学与医学技术类专业录取，学制五年。入学后我始终未能培养起对临床医学专业的兴趣，特别是对解剖课还有点"望而生畏"，于是便一直思索这一生该怎么度过。经过反复思索，我决定转入水利水电学院。一是千百年来善治国者必先治水，兴水利，除水患，历来是治国安邦的大事。三皇五帝时期大禹治水使得先民得以远离洪水之苦，开始定居的生活形态，奠定了中国历史上第一个朝代——夏朝的基础；战国时期，秦蜀守李冰率蜀地民众创建了都江堰，从根本上改变了蜀地的面貌，把原来水旱灾害严重的地区变成沃野千里的"天府之国"，历经 2000 余年至今仍"砥柱巍然"，润泽和造福着天府人民；灵渠的凿通，沟通了湘江和漓江，打通了南北水上通道，为秦王朝统一岭南提供了重要保障。二是水利是利国利民的民生工程，对国家稳定发展有着重要作用。早在 1934 年，毛泽东主席在江西瑞金就审时度势，高瞻远瞩，提出了"水利是农业的命脉"的著名论断。可以说，没有水利，农业就难以持续发展，粮食安全就无法保障。三是武汉大学水利水电学院名师云集，底蕴深厚，蜚声海内外。就这样，农村出身的我，心怀治水为民、兴水强国的理想，2005 年 3 月我弃医从水，转入水利水电学院，实现了从医生向工程师的人生转变。大二学年末水利类再细分专业，我毅然决然地选择了农业水利工程专业，矢志要为中国的农业、农村和农民做点事。

　　我十分珍惜这来之不易的第二次选择专业的机会，努力学习，全面发展，在多条战线上开花结果。大学期间我积极参加社会活动，担任了年级学生会通讯宣传网络部部长和水利水电学院团委委员、首届社团联合会主席，组织成立了飞扬交谊舞协会等社团组织。同时，我积极向党组织靠拢，在大二加入中国共产党，成为一名光荣的共产党员，并担任支部宣传委员。大学四年，老师们谆谆教诲，授业解惑。我和同学们一边享受饱学鸿儒们的知识盛宴，一边放飞经世济国的远大理想，母校武大和水院给我们提供了最宽广华美的舞台和最细致入微的关怀，使我们展现出最真实绚烂的青春风采。

2008 年 6 月我本科毕业，选择了继续在本校硕博连读，师从王长德教授。硕博近五年的时间里，王老师给了我诸多指导、关心和帮助，在思想上引导、学术上指导，为人上向导，使我在做人做事做学问各个方面都受益匪浅。王老师经常教导我："我们研究的是实际工程问题，所以不光要有理论创新，更重要的是要结合工程实际，使研究成果具有应用价值；在得到一个新点子之后，不能沾沾自喜认为自己有多对，而是要想一想这个点子对不对，全面不全面，完善不完善，还有哪些问题，如何进行验证？"如此言传身教，让我感受、领会并继承了这份治学的严谨和求是精神，也使我在工作后从事重大水利工程规划设计时受益匪浅。

昔我来思，杨柳依依；今我往矣，硕果累累。在水院求学的 9 年，是我一生中最重要的时光。"自强、弘毅、求是、拓新"的校训言犹在耳；"团结协作、锲而不舍"的院训铭记在心。我不仅在科研的道路上走得辛苦快乐，也在平时的生活中过得充实精彩。回顾在武大水利水电学院的学习生涯，留下了太多值得回忆的情景与往事。我进一步学会了分析与思考，学会了丰富与凝练，学会了合作与竞争，也进一步学会了如何不断超越自我而成长。

忘不了那曾经奋战过的实验室。弘扬学术、以实验室为家，是每一位水院研究生心照不宣的共识。我们在这里洒下了辛勤的汗水，而母校也见证了我们成长的经历。有多少个日夜，我们坚守在实验室，或许是为了撰写一份项目报告，或许是为了破解一道科研难题，或许是为了采集一份试验数据。

忘不了那一直默默无闻、为我们创造良好科研生活氛围而辛勤劳作的学院领导和老师。博导论坛让我们可以零距离聆听国内外顶级大师的教导；弘禹论坛给广大的研究生们提供了良好的交流平台；多彩的文体活动在丰富我们生活的同时，也陶冶了我们的思想和情操。

忘不了那为了悉心指导我们而日显苍老的恩师。他们大多是国内乃至国际上一流的专家、学者。他们严谨的治学态度、渊博的专业知识、丰富的实践经验，对科学的执着追求，尤其是对水利事业奉献的精神，以及朴实的生活作风等，都为我树立了光辉的楷模。

2013 年 6 月我博士毕业，面临何去何从的问题。导师建议我留校工作，学院办公室的老师们也在我留校的事情上给予了无私的关心、坚定的支持和有益的建议。做一名桃李满园的人民教师，是天底下最光辉的职业，令我向往，但也让我"望而却步"，我深感自己的水平还不足以担当这份光荣的职业。我希望先出去闯一闯、看一看，增加阅历和体验，更多地接触工程实践，将自己学到的知识去解决工程中的实际问题。

秉承学以致用，心怀治江梦想，2013 年 6 月我入职长江勘测规划设计研究院，分配到当时的规划设计处水资源室工作。这是一个刚成立一年的科室，基础底子薄，技术人员少，没有老师傅手把手带，需要靠自己"野蛮"成长。入职后，我以办公室为家，努力"充电"，奋力"加油"，尽快适应岗位角色，加紧提升专业能力。入职后仅一个月，我便被派往万里之外的南美洲厄瓜多尔共和国，参与编制厄瓜多尔全国水资源综合规划和全国流域综合规划工作。厄瓜多尔与中国有 13 个小时时差，我在"黑白颠倒"中坚守了三年。其间，我苦学西班牙语，以便跟当地人更好地沟通；攻坚克难建成了厄瓜多尔首个全国范围的水资源配置模型，填补了此类空白；走遍了厄瓜多尔全国各个省，连远离大陆 900 多公里的加拉帕戈斯群岛我也没有"放过"，就是想能够亲临一线了解最真实的情况，编出一本管用的规划报告，指导厄瓜多尔未来 20 多年的水利发展。三年时间，我遇到过当地人持刀抢劫，在太平洋上遭遇过风浪袭击。好在天道酬勤，功夫不负有心人，我们如期编制完成了规划报告，得到了厄瓜多尔水利部的高度肯定。时任总统科雷亚半开玩笑地说，我们是除了他之外去过厄瓜多尔全国最多的地方，因为他要为选举拉票。

2015 年 5 月我回到国内，开始承担类型各异的国内水利项目。每次面对领导交办的从未做过的项目，我没有畏难，查资料、问同事，想尽一切办法，按期完成任务。2016 年我到巴基斯坦考察灌区缺水导致粮食减产问题，在当地并不安定的社会治安环境里，我冒着危险如期完成了任务。

2017 年 3 月，经长江委推荐，我借调到国家推动长江经济带发展领导小组办公室（设在国家发改委）工作，成为长江委技术人员借调到国家发改委的第一人。以前在长江设计院主要是承担水利项目、写技术报告。但借调到国家发改委，主要是参与长江经济带发展国家战略有关工作，概括起来是办文、办事、办会。"办文"就是处理各种公文，起草重要文件和报告报送党中央和国务院；"办事"就是处理日常业务，与国家有关部委、长江经济带 11 个省（直辖市）政府部门协调沟通工作；"办会"是组织长江经济带发展领导小组会议、领导小组办公室会议、省部级干部培训班等，制定会议方案，起草上会文件。以往在设计院的工作经历，让我在刚开始面对上述工作时犹如一张白纸，无从下手。面对新领域新业务，我如饥似渴地学习，通宵达旦地清障，"5+2""白 + 黑"的工作节奏持续了近两年，我不叫苦不喊累，一次次出色地完成了任务，主笔起草的重要文件和报告，多次获总书记和总理批示。这段在国家部委借调的经历，极大地开阔了我的视野，提升了格局，是我人生中一笔宝贵的财富。

2019 年 1 月，结束在国家发改委的借调工作后，我回到长江设计院，继续从事水利工程规划设计工作。根据组织安排，我由水利规划院水资源部跨室调任到国际河流研究部工作，虽然都是水利规划院的专业部门，但对我来说仍然是一个莫大的挑战。水资源部是一个"年轻"的部门，业务较为单纯，主要从事水资源规划、水资源调度和水资源管理工作，我在里面也算是"老人"，处理各项工作得心应手、驾轻就熟；国际河流研究部是一个历史悠久的部门，承担各种类型的水利规划和全阶段的工程设计工作，老同志也多，许多还是从小在长江委大院长大的"委二代"。我跨室调任过去没多久便代理工作，说实在压力挺大。一方面我以身作则、当好表率，另一方面我发扬民主、团结同事，较快地适应了新岗位新角色。

也是从这时候起，根据工作需要我开始进藏，从此雪域高原的山山水水留下了我的身影和足迹。记得 2019 年 3 月我第一次到西藏时，第一站到的是海拔最低的林芝市，刚到就出现了高原反应，胸闷、气短、恶心，吃不下饭，不想动弹。但我仍坚持工作，一路向西，沿着易贡藏布逆流而上，最终到了海拔 5000 多米的那曲市河源。此后，我频繁进藏，克服高原、高寒、高反带来的身体不适，克服随时遭遇滑坡、泥石流、雪崩的危险，牵头编制完成了西南诸河重大问题研究顶层设计，澜沧江、雅鲁藏布江、易贡藏布、孔雀河等多条西南跨界河流的规划和多项水利部、中国工程院的战略研究工作。作为西南诸河规划研究党员先锋队的带头人，我多次在现场向水利部、生态环境部、国家发改委、国家能源局、中央财经委办公室、中国工程院等多个国家部委领导汇报，带领团队成为西南诸河规划研究的"桥头堡"和"领头羊"，带出了一支继承弘扬"缺氧不缺精神、艰苦不怕吃苦、海拔高境界更高"老西藏精神的铁军队伍。

2021 年 5 月，水利规划院国际河流研究部和流域规划部合并，组建成立流域规划部（国际河流规划研究中心），成为水利规划院最大的部门，组织安排由我担任新部门主任。面对诸多遗留的难题，我夙夜在公，多措并举，推动实现部门融合发展、跨越式发展，近三年部门人均产值年均增速 50%。2023 年 5 月，部门获评长江委"青年文明号"，全委成百上千个基层单位中仅 5 家获此殊荣。

从 2020 年 7 月起，我担任支部书记，坚持将党的政治优势转化为业务发展的核心竞争力。对内坚持党建学习，对外开展多方式交流，创造性打造师说讲坛、青年沙龙，设立党员示范岗、责任区和先锋队，创新开展支部活动，实现了党建和业务深度融合发展。带领支部先后荣获长江设计集团第一届"堡垒示范支部"、长江委首届"治江先锋堡垒"和湖北省直机关"红旗党支部"。

功崇惟志，业广惟勤。回顾工作十年来，武大的精神一直激励着我不怕牺牲，排除万难，争取胜利。从长江流域到西南诸河，纵横东西，坚定做好治江支撑；从长江经济带发展到粤港澳大湾区建设，跨越南北，战略谋划破解难题。我先后参与完成南美洲、东南亚多个国家的水利规划，让中国标准、中国技术走出国门，在海外发光发热。满怀赤诚，投身大型工程论证一线，年均出差 40 次，参加重大任务突击攻关，急难险重冲锋在前，加班加点任劳任怨，持续奔波在祖国大江南北。其间，孩子出生没在身边，因此落下遗憾；爷爷去世没能回家见最后一面，成为我心中的痛。近一年我牢记习近平总书记"中国人的饭碗任何时候都要牢牢端在自己手中"的殷殷嘱托，先后参与策划了三湖连江、金河口、秋黄尧、剑阁、石门、浏阳河、青山垅、春陵水等多个大型灌区，在工作中攻克了一个又一个"娄山关"和"腊子口"。同时，在从事生产任务的同时，我也不忘搞科研，先后负责或参与国家重点研发计划、中国工程院战略咨询项目、国家发改委研究课题等 8 项国家级重大科技项目，将生产与科研相结合，作为第一完成人两次获得全国水利行业 QC 成果一等奖，累计产出 20 篇学术论文、3 部专著、8 项专利，参与完成了 3 项行业标准规范、2 项先进实用技术，先后荣获长江水利委员会科学技术二等奖、湖北省工程咨询成果一等奖、湖北省优秀城乡规划设计三等奖 3 项科技奖励。

从 18 岁到 27 岁，青春最宝贵的九载时光，悉洒于武大。从入校那一刻起，一生便烙上了"武大"的印记。无论光阴流转，世事变更，我永远都是一名"武大郎"。东湖水畔才华横溢志存高远报效国家，珞珈山下英杰辈出比肩寰宇振兴中华。这是武大给我们的精神，也是给我们的重任。当年，我们带着母校和老师们的期望与祝福，奔赴祖国的大江南北，弘扬大禹精神，心怀感恩，顶天立地，踔厉奋发，砥砺前进。韶华流转，不经意间，从母校毕业已十年。这十年，我一直为身为一名"武大人"而自豪，为身为一名"水院学子"而骄傲。也因此，我很荣幸地担任了武汉大学水利水电学院学生思政导师和研究生校外兼职导师，多次到学院与学弟学妹们交流分享成长经历。

最后，在母校迎来百卅华诞之际，衷心祝愿母校武大再创辉煌、再书华章！祝愿水利水电学院人才辈出，独领风骚！

青春是什么：三重视角与三份答卷

徐冶琼作为"最美人物"代表参加国庆70周年庆祝活动观礼

徐冶琼 ············

　　1986年2月生，湖北襄阳人，中共党员。武汉大学文学院2004级本科生、文学院2008级硕士研究生、马克思主义学院2014级博士研究生。长期从事大学生思想政治教育工作，曾在全国大学生新党员培训示范班主讲"理想信念"专题，在教育部组织的学习宣传贯彻党的十九大精神"双巡"活动中作为全国报告团30名成员之一赴上海、江苏等五省（市）宣讲。被中宣部、教育部授予2019年"最美高校辅导员"并受邀参加国庆观礼活动，曾获第六届全国高校辅导员年度人物、第二届全国高校辅导员职业能力大赛一等奖第一名等。曾任武汉大学化学与分子科学学院党委副书记，历史学院辅导员、团委书记、学工办主任，现任北京航空航天大学马克思主义学院思政课教师。

前段时间，在网上看到一段武大金秋辩论赛上对于"'青春永不逝去'是不是一句谎言"的辩论，在不禁赞叹学弟学妹们的精彩交锋和校长的动情点评的同时，我也在思考：青春，到底是什么？

从 2004 年有幸步入珞珈山，至今已近 20 载，在这 20 个春秋里，我先后经历了珞珈山下的学生、教师、校友三重角色的转换。当停下匆忙的脚步，静静坐下来、敲击键盘展开这篇文字的时候，我才得以第一次像电影中的景深镜头似的由远及近、由整体感觉到细节聚焦，最后又将镜头拉回。终于，来自不同视角的许多片段式的思绪重新组合起来，化为对"青春是什么"的思考，以及我个人交出的答卷。

 ## 青春是相信与被相信

2005 年的一个晚上，在坐落于人文馆的文学院报告厅里正举办一场学生会主席团竞选答辩。本不太有信心的我在学姐的鼓励下，也报名参加了这次竞选。竞选之前，我给自己的预期是如果能被大家选进主席团成员，那就太开心了，毕竟自己只是学生会一个部门里一名非常普通的副部长，而院里还有那么多优秀的同学。没想到的是，同学们的投票结果表明，大家给了我最高票！这让并没有做好心理准备的我既惊喜又忐忑。我想为同学们做点事，但是，从一名跟着学姐学长跑腿干活儿的"小兵"到马上可能要带领一个团队，我能行吗？

在主席团分工前谈话的时候，我向学院的党委副书记和辅导员老师表达了自己的意愿和顾虑。记忆犹新的是，副书记很坚定地说了一句"我完全相信你"。她说，你知道你在竞选中哪里最打动大家吗？是你讲到你们在打辩论赛时，对方抛出一个很刁钻的问题，漫长的几秒钟过去了，看到自己的队友迟迟没有人站起来，你就"嗖"地一下站了起来，脑子里其实根本没想好怎么接盘，唯一的想法是"我们队绝不能被打冷场"。副书记说，这就是责任感，有了责任感，什么困难都可以战胜。这场谈话给了我巨大的鼓励。

事实证明，这确是一场不小的挑战。和很多担任学生干部的同学一样，我很想把工作干好，很想给同学们带来切实的服务、在各种一起为学院荣誉而"战"的活动中有出色表现。然而在真正扛起责任、去做的过程中，我才领会到苏轼的那句"论事易，作事难；作事易，成事难"。记得为准备金秋合唱，课后每天拉着同学们排练，眼看快要比赛了，离预期还相差甚远。有次排练前，我实在快要承受不住压力，自己躲在小树林里大哭一场。发泄完情绪，擦干眼泪，又赶去理学楼给同学们鼓劲、打气。很多时候就是真心换真心，小伙伴们的团结和付出终于迎来了比赛当天的精彩呈现。

青春是什么？对当时大一、大二的我来说，青春或许是一种带有几分冲动的"我相信"，相信自己能顶上、相信我们队能赢、相信我们院可以。这种相信，可能更多来自在集体荣誉感激励下的"敢"。但重梳这段青春记忆的时候，我才发现，把冲动的"敢"转化为切实的"责任"的，是"被相信"。因为有老师、同学们的信任，这种几乎是青春特有的冲劲才有了明确的努力方向和源源不断的支撑力量。也正因为扛起了更多责任，我所考虑的就不仅仅是自己的一方小天地，才有勇气和动力不断挑战自己的认知和能力边界，在影响他人中也重塑了自己。

大家常说，珞珈山的气息是自由的。毕业后我才领悟到，自由的深处是这所大学能敏锐地"看见"每位学子，在他或她最想去成长、突破的地方给予思想指引、精神勉励、平台支持，让学生大胆迎接挑战，"在担当中历练，在尽责中成长"。

 青春是五彩斑斓却有共同的底色

正因为在大学的学生工作经历，在面临职业选择的人生路口，我有幸再次得到老师们的信任，留校成为一名辅导员，光荣地成为珞珈山下教职工队伍的一员。从辅导员、团干的视角，我得以看见了更多青春的模样。

在综合性学府里求学、工作，最幸福的莫过于可以见识来自各学科门类的名师大家风采。从"康德'三大批判'"到"宇宙新概念"，从聆听知名汉学家报告到一睹千年楚简真容，从"《牡丹亭》赏析"到自创、自导、自演先锋话剧，从入学直到留校工作后，不知道多少次在各种讲座、活动中流连忘返。

对各学院的学生工作而言，举办基于学科特色的文化节，是培养学生学科自信、丰富校园文化的重头戏。2017年，在带着学生们筹备第十四届历史文化节时，我们在学院大力支持下做了个大胆尝试：将"曾侯乙编钟"请进校园，在百年校园里奏响千年古乐。于是便有了由武汉大学历史学院、武汉大学非物质文化遗产研究中心、武汉大学万林艺术博物馆、随州市曾侯乙编钟编磬文化有限公司共同承办的第十四届历史文化节。在开幕式上，我们把一整套"曾侯乙编钟"1∶1复制件搬进万林艺术博物馆大厅，举办编钟文化展览并辅以编钟编磬演奏。编钟演奏的《金殿乐》气势磅礴，配以排箫演奏的《黄鸟》时而轻捷、时而舒沉，金玉交织的《楚调》一展万千气象……湖北省博物馆演奏家们呈现的这场演奏令近在咫尺的学生们深深沉醉。有同学说"这是我第一次听编钟古乐，真是太震撼、太好听了……其实我们也可以像学钢琴、小提琴那样，去学学编钟演奏，将我们中国国粹文脉传承下去"。

不仅办展览，学院老师还开讲编钟编磬文化，带领大家透过器物感悟制度、思想的千年魅力；征集编钟元素文创设计，衔接传统文化与现代生活，等等。一场文化节下来，当同学们看到万林艺术博物馆过万人次的参观记录、数十组来自不同院系同学的精巧文创设计时，作为历史学院学子的自豪感油然而生。原来，在校园里有这么多同学热爱我们的传统文化！

从一个小小的文化节缩影里，我发现，平日里各有个性、风格，在不同的青春跑道上驰骋的武大学子们，却有着共同的底色，那便是家国情怀。

在文学院、马克思主义学院求学，在历史学院、化学院工作，我遇见了不同学科、不同学段的珞珈学子们。通过他们，我看到了不同色彩的青春模样：教室里啃读经典著作的专注，会议室里从不同理论视角研讨热点问题的火花迸发，面临失败乃常事的实验通过电镜猛然发现耀眼晶体时写下"置身黑暗中却如此耀眼，就如沧海一粟的我们，但却不甘平凡，要使出浑身解数，放手一搏"。通过他们，我也看到了多彩青春下共有的赤诚底色。尽管他们面临着青春阶段必然经历的思想、情感困扰，学业、就业等压力，但大多学生并没有把自己封闭在一个狭小的空间里，而是以科研、志愿服务等各自的方式一点点向上奋进着。因为他们希望在融入时代大潮的过程中实现自我，内心对未来有共同期待——请党放心，强国有我。

我常常想，在经常面临竞争的环境下，那些仍葆有情怀的同学，他们的定力源于何处？我想可能就源自氤氲于学校四处的精神文化。这种精神文化不是抽象的、缥缈的，而是具体的、现实的。以我自己的亲身体验为例，在上学时，有次期末考试中，老师看到有道题很多同学答得不理想，不禁忍不住要给我们好好再讲一讲，因为他担心结课后就没机会了；在工作后，还常遇到年逾七旬的冯天瑜先生来学院，我每每向先生问好，先生都会谦和地回以鞠躬、微笑；在作为辅导员参加相关比赛、评选时，得到学校领导、同事们无私的托举和帮助。这些让我看到，超越盯着分数高低的是老师们的育人情怀，超越学识、年龄相疏的是老师们的人格修养，超越个体得失的是组织的集体力量。

珞珈山的精神文化一头连着"珈"、一头连着"国"，通过不同学科知识的魅力、不同群体榜样的魅力，以"熏陶"的方式引导学生慢慢放大视野、打开格局，从珞珈启航。

也正是因为提高站位、打开格局，在辅导员工作中我会有更强的使命感。面对一些例行事务工作，是做到基本达标还是尽心尽力？面对学生遇到学业、情感等困难，是旁观安抚还是并肩作战？面对竞争，是寻求捷径还是坚实前进？是使命感让我选择了后者。因为我知道我正在做的不仅仅是一份工作，更是一项事业，这项事业关乎每位学生的一生发展、关乎党和国家的未来。从参加辅导员大赛到荣获"全国高校辅导员年度人物"，再到被评为"最美高校辅导员"，2019年光荣地受邀参加国庆观礼，一路前行，我遇到了更多更优秀的人。我发现，这些优秀的人身上都有着共同的品质，就是心怀家国的大格局。

其实对于青年人而言，无论是求学还是工作，我们都渴望成就自己的出彩人生，我们也都难免遇到这样那样的困惑、选择，就像习近平总书记讲到的"青年志存高远，就能激发奋进潜力，青春岁月就不会像无舵之舟漂泊不定"，唯有心怀家国、志存高远，才能克服青年阶段的局限性，情怀更深、看得更远、脚下更有力量。

青春是引领与赓续

2019 年年底，由于工作调动，我满怀感恩惜别珞珈，来到北京航空航天大学成为一名思政课教师。于是，继学生、教职工之后，"校友"成了我之于珞珈的第三重身份。透过这重看似离珞珈山最远的身份，我却对珞珈山下的青春有了更深的体悟。

第一次真真切切意识到我是校友了，是在 2020 年疫情暴发之初。到北京不久，就从新闻得知武汉发生疫情的严峻性，想到曾一起奋战的同事、曾朝夕相处的学生，心里万般不是滋味，可是除了居家竟无力可施。后来看到武汉大学校友会紧锣密鼓筹集抗疫物资，我和爱人立即通过武汉大学北京校友会向母校尽了一点绵薄之力。后来得知，在来自全国各地的武大校友积极响应下，武汉大学校友总会在短短 36 个小时内筹款 1600 万元。那一刻，"校友"这两个字的分量在我心中变得那么真切。

就是在那段最艰难的阶段，在口罩都还很紧缺的时候，通过朋友圈、学生群、校友群，我惊讶地发现，我的不少学生已经投入这场"战斗"了。他们中有的是光明日报社记者，主动报名成为《光明日报》武汉一线报道组成员，奔赴武汉用鲜活文字记录下了青春战疫力量。"想让生命变得更有意义""任务来了，就义无反顾""年龄不是成熟的标志，担当才是"……这些出现在她发来的一线报道中的语言多么鼓舞人心。他们中有的是创业公司的部门负责人。点开一则名为"捐款？不，我们决心把物资送到前线！"的推送文章，我看到学生带领她的团队已经跨国采购了数以万计的防疫物资，定向捐赠给不限于武汉市的省内抗疫一线医院。他们中有的是身处国外的留学生。突闻武汉出现疫情，他便开始筹备募捐活动，通过学联发起留学生捐款、依托商会捐赠、号召华侨团体集资，一时间筹集数万件物资运送回国。

看到学生们的行动，我既自愧于自己除了叮嘱学生注意防护之外能做得太少，又发自内心地感到欣慰。学生们的自信、担当、号召力、协调人员和物资的能力，大大超出了我此前的认知。我意识到，当年的学生们，现在已经成长起来了！他们不再仅仅是被指引、被爱护的一群人，他们已经具备了守护他人的担当和能力。更为重要的是，他们不仅想到了，而且做到了！

疫情散去，有时我也会和已经毕业的学生们坐在一起聊聊，关于读博还是就业、几个就业机会怎么选、关于工作中的小烦恼，等等。每次聊天都不会缺场的话题就是回忆珞珈山下的或温暖、或好玩儿的那些人、那些事。尽管学生还是习惯于听听我这个"辅导员"的想法，但此刻，我们更像是朋友。

当我和我的学生们都成为校友，我这才发现，其实青春也是一场接力。从18岁入学一直到毕业留校、工作，正是有了珞珈山下师长们的引导、培养、爱护，我才得以在这段人生的芳华岁月里尽情成长。以前常说辅导员要做学生的陪跑者、领跑者，当我的学生们也成长起来后，一路奔跑的学生又何尝不是他人的激励者，他们以青春奋斗的姿态甚至也激励着我在思政课教师岗位上继续奔跑、不懈怠。

一群人如此，一所大学亦如此。回望武汉大学130年的岁月变迁，一代代人在这里求学问道、授业解惑，始终与民族共命运、始终勇立时代潮头，正是这一场场的接力使得弦歌永续、薪火相承，使得百年学府永葆青春活力。

在此意义上，青春，代表着一种团结奋斗、永久奋斗的状态。

在此意义上，每一位珞珈青年，不仅是百卅珞珈的见证者、被引领者，更是即将或已接过接力棒的新征程的参与者、创造者。

当我把回忆的镜头拉回，从珞珈的学子、教师、校友三重视角下看到的青春及对青春的思考组合成了一幅新的画面：那是新征程上踏出的勇毅步伐、开拓出的时代新篇！

值此百卅校庆之际，真挚感恩母校培养，祝福母校精神永续、再谱华章！

李博涵在中共湖南省委党校"庆祝建党节　喜迎二十大"学员论坛发言

李博涵 ....

　　1993 年 1 月生，辽宁沈阳人，中共党员。武汉大学政治与公共管理学院 2011 级本科生，湖南省 2019 年定向（省直）选调生。工作以来一直扎根基层一线，两年基层锻炼期满主动放弃回到省直机关工作机会，继续深耕基层贡献青春力量。曾获评国家奖学金、雷军奖学金、武汉大学三好学生标兵、武汉大学 GPA 前 100 名、北京大学廖凯原奖学金、北京大学三好学生、湖南省委党校乡镇长班优秀班干部、长沙市委党校复合型年轻干部培训班优秀学员、浏阳市 2022 年度嘉奖等。在校期间，曾任武汉大学政治与公共管理学院学生团委副书记、学生会副主席，工作后曾任湖南省长沙市浏阳市柏加镇渡头村书记助理、柏加镇党政办主任、柏加镇副镇长、沙市镇党委副书记，现任浏阳市达浒镇党委副书记、镇长。

在校参加 120 周年校庆的情景还历历在目，转眼已过 10 年，武大迎来了 130 周年校庆，韶华如逝，时光如掷，时至今日，还清晰记得樱花雨的浪漫芬芳、老斋舍的古朴石墙、图书馆的油墨书香、珞珈山的斜照夕阳……回想四年珞珈岁月，正是在这里，确定了心之所向、练就了身之所长、遇见了情之所系，珞珈山，是我梦想启航的地方，给予我满满温暖与力量。

明心之所向

"为人民服务"虽是少年时便立下的远大志向，但真正使我明确理想信念，走上选调之路的正是在武大行政管理专业的所学所悟。

"无冥冥之志者，无昭昭之明；无惛惛之事者，无赫赫之功。"也许是东北人与生俱来的性格特点，也许是从小到大的学生干部经历，让我热衷于帮助他人、奉献自己，我的心中也就此种下了一颗种子。到了高中，我仍然在担任班长和学生会干部，尽自己所能组织协调、服务同学，班主任可能正是看出了我的潜质，建议我以后从事公职工作，以己所能、服务大众。于是，在文理分科时尽管当时文理成绩都相差无几，我还是毅然选择了文科。在高三有机会加入中国共产党时，也立即申请入党，在宣誓时默默立下誓言——掌握本领报效祖国。也正因这份誓言，当高考填报志愿时，面对专业的选择也没有过多的纠结，而是毫不犹豫地选择报考了武汉大学政治与公共管理学院。

若说幼时是性格驱动着我多为集体作贡献，那武大的 4 年学习生涯则让我真正明确未来所行之路。初入武大的我，空怀一颗报国心，但如何去做、能否胜任还未可知。"非学无以广才，非志无以成学。"大学的首要任务是学习，闻广学多定能找到合适自己的方向。于是，我认真地对待每一门课程，有幸考取了 GPA 专业第一、全校前一百的好成绩，同时也荣获了国家奖学金、雷军奖学金、三好学生标兵等诸多荣誉和奖励。政治与公共管理学院的专业类别有很多，各自都有不同的培养目标。幸而大一的课程基本是公共管理的大类课程，正是这一大类课程的学习，让我找到了感兴趣的方向，坚定了行政管理专业的选择。

专业课程的学习让我对行政学和管理学有了更加系统的认识，每一门专业课至今仍记忆犹新，通过对这些课程的学习不仅加深了我的兴趣，也扩大了我的知识范围，让我初步具有公文写作、电子信息处理等方面的技能，并且还具有了一定的从事实际行政领导、决策和人事管理的能力。也是这些课程的学习让我明白基层是国家治理的"最末端"，也是服务群众的"最前沿"，更是年轻干部成长成才的"沃土"，一颗"在祖国基层绽放青春之花"的初心就此萌芽。

行政管理专业的专业课程很多，我记得最感兴趣的一门课便是操小娟老师讲授的"行政法"。也正是通过行政法的学习，我了解到基层奠定着法治社会建设的根基，但也是我国法律意识最为单薄、知识需求最为旺盛、法律人才最为紧缺的地方。于是，保研时，我选择了到北京大学攻读法律专业研究生。作为法律专业的跨考生，很多专业知识是比本专业的人薄弱的，因为一直牢记初心，想着学好法律将来可以全面运用自身所学，服务于基层工作，把专业知识转变为开展基层工作的方法，因此在燕园的学习生涯也从未有过松懈，高分通过司法考试的同时也获得了专业前 5% 的成绩。在 2019 年毕业季，面临律所、公司、银行抑或北京和地方选调的岔路口上，我没有过多犹豫就选择了考取地方选调生，也成功入职湖南选调生。法律背景的加持，对基层工作有很大助益。比如在椒花水库征拆的过程中，衍生了一些法律诉讼案件，百姓们在诉讼之前或者案件进行中，时常会来听听我的意见，能为人民群众排忧解难，释疑解惑，也让我感受到所学皆有所用，能够不负学校教育、国家培养，同时也为法治社会的建设添砖加瓦，实在是一件幸事。

考取湖南省定向选调生后，我来到浏阳市柏加镇渡头村担任村书记助理，走村上户，蹲点调研，一开始还是遇到了不少难题，记得最大的困扰是上户本想了解情况解决问题，村民却总是很客气，端茶倒水然后笑而不语，满腔热情总是得不到回应，原因何在？带着疑惑，跟着村干部、老支书上户边观察边思考，逐渐感悟出两点，一是要让村民感受到他是你关心的人，二是让他相信你是他可以信任的人，因此先谈心表关心、拉家常以拉近距离，逐渐摸索出"三看两问一夸"聊天工作法，看摆放的照片，聊家庭成员；看家中的农产品，聊制作工艺；看手机的动态，聊关心的新鲜事。"两问"就是问孩子、问苗子，这些都是他们最关心的话题。"一夸"就是真诚夸赞。天聊熟了，心就近了，很多问题就迎刃而解了，就这样在基层锻炼两年的时间里，在与百姓的交流互动中、完成每一件工作任务时、处理了棘手难题后……我深深地感受到淳朴的人民群众对我这个青年学子的看重与爱护，可爱的基层百姓对我这个东北姑娘的关心与疼爱，也在每一次肯定与认同中，切身品尝到"广阔天地大有可为"的甜头，深刻感受到这里有施展拳脚大展宏图的机会，更有关心幼苗成长成才的老师，有搭建干事创业平台的组织。于是在两年基层锻炼期满之际，我主动向组织提出申请，自愿放弃原本可以直接回到省直机关工作的机会，继续做一名躬耕在田间地头的学生、行走在绿水青山的实践者、埋头在乡村一线的选调生，使"仗剑走天涯"的英雄梦和"青山郭外斜"的乡村风交相辉映，也不失为一种浪漫。

如今工作在202平方千米的浏阳市达浒镇，我同全镇干部一道，在时常来袭的暴雨里转移重点群体、在连续放晴的天空下严防26万亩山林火险、在烟花绚烂绽放的背后日夜监管护航……可以说，我们用脚步应对各种天气，用汗水浇筑每寸土地，用臂膀为群众带来满满的安全感，而群众也对我们回以暖暖的归属感。2022年春节，面对低温雨雪天气，作为家中独生女，在回沈阳和家人团圆与在镇值守之间，我选择了让先生和女儿替我回乡看望父母家人，而我在镇守护千家万户的团圆，一个人过年，确实就更想家。很多村干部和老百姓听说后喊我去家里吃饭，还有的把饭菜和零食送到镇上，并且纷纷表示若有险情愿意和镇干部一道冲锋陷阵，出人出力出工具，共同筑牢安全防线。这朴实淳厚的深情，也更坚定了我扎根湖南、奉献基层的初心，也让我感受到，民生无小事，枝叶总关情，只有心中装着百姓，手中握有真理，脚踏人间正道，才能汇聚万壑归流、天下归心的洪荒伟力。

练身之所长

性格使然，大学四年的时光我并没有选择只徜徉在漫无边际的书海里，而是参与了多姿多彩的社团活动。武大丰富的学生活动，让大学时光变得忙碌充实，也积攒了很多宝贵的人生财富。

记得大学一年级，在任班长的同时，也有幸加入院学生会体育部和校学生会外联部。大学二年级，便积极参与院学生会主席团竞选，从一名干事变成院学生会副主席，分管体育部和外联部。最刻骨铭心的是那一年的校运会，政管院虽学生总数不占优势，但也不乏体育方面的能人。鉴于此，院系领导给体育部下达了任务，今年的运动会一定要突破历史创佳绩，刚担任副主席的我，面临这一高要求，压力倍增。为了完成这一任务，努力去了解院系每个学生的特长，将院系所有的体育特长生或在某方面有特长展现的同学调动组织起来，一起为这次校运会努力。秉着"能得 30 分，绝不得 29 分"的态度，每个人的潜力被发挥到最大，训练期间，体育部全体成员忙前忙后为每位运动员提供全方位的保障和服务。每一份发奋努力的背后，必有加倍的回报，在大家拼搏努力下，最后我院以团体总分 1516.5 居于第三名、男子团体总分位列第四名、女子团体总分获得第三名的优异成绩位于全校前列，这是历年来所未曾获得过的。学生活动的每一次攻坚克难，都是在锤炼统筹协调的能力与开拓创新的思维。

学生工作和学生活动练就的身之所长，使我更快节奏地融入基层工作，并在很多工作中发光发热。就比如因大学期间有众多活动的组织经验，在入职第一年，在浏阳市柏加镇熟悉情况后，我便很快上手牵头策划、创新推出"一树繁花寄哀思""香囊斜挂绿云端""'柏'家讲坛""'柏'里挑一"和"'柏'花齐放'加'人有约人才沙龙"等活动，收获了很强烈的反响，获得湖南卫视新闻联播、学习强国、人民网等媒体重点推介。再比如，如今担任行政主职，我时常把重点亮点工作比作大学时期的"学生工作"，把绩效考核比作"学习考试"，必须两手抓、两手都要硬。因此我全力调动资源、强化保障、综合施策，达浒镇干部齐上阵同发力，在一年内完成省重点项目椒花水库 8000 余亩征地、498 户房屋拆迁的工作，三个月建成全省示范的达浒书香"水美湘村"项目等重点工作；还对照绩效考核细则精准研判、科学施策，像对照大纲进行考试复习一样，攻克重难点，将清头绪抓好各项纷繁复杂的日常工作，就这样在大家齐心拼搏下，上一年度考核成绩达到一类标准。

学生活动的经历不仅增加了实际工作的效能，也更加强化了我为同伴服务、为集体作贡献的意识。因此入职后，我也在省市县各级的培训班中担任总联络员或临时党支部书记、班长等职务，配合老师做好班级日常管理工作，和班委一起做好各项培训服务工作，无论是周到细致的生活服务、周全精彩的班级活动，还是周密精细的外出考察，都在老师的指导下，班委的共同努力下，获得一致好评。身处其中，有幸又增加了服务协调的经验值，拉满了应急应变的技能点。

遇情之所系

珞珈山下，东湖之滨，武汉大学在我的人生中一直扮演着一个重要的角色，在就业上武汉大学为我定向导航，让我坚定地选择成为人民公仆；相爱珞珈山，相守浏阳河，也是武汉大学让我遇见了陪伴一生的人，一个让东北姑娘远嫁到湖南的人。

一起跑步的工学部操场、等我下课的教五草坪、可以一起吃掉一斤米饭的湖滨食堂……武大承载了我们太多太多美好的回忆，见证着我们相识、相知、相爱的全过程。也是武大的包容与开放，让还是大三在读的我在 2014 年 2 月 14 日情人节当天领取了结婚证，因"师兄"早已毕业回乡建设长沙，我便也早早地确定了人生未来的奋斗之地。

作为基层干部，我们把大量的时间投入工作之中，时常保持应急状态，取消休假则是常态，牺牲了很多家人团聚的时间，错过了很多孩子成长的画面。作为基层女干部，更是面临着兼顾工作与家庭的难题。因此，要特别感谢家中"师兄"给予我的百分之百的支持和理解，让我在前进的路上没有后顾之忧，干劲十足。当初在选择是否继续留在基层时，孩子还未满五岁，出于对家庭的考虑也曾有过犹豫，是他先明确表态坚定地支持我继续留在基层，他和孩子永远是我的后盾与港湾。是夫妻，亦是战友知己，失意时每一次鼓励都是持续前行的动力，沮丧时每一声劝慰都是治愈心灵的良药。

爱，可以跨过山川河流，越过星辰大海。长沙距离家乡沈阳 2000 余千米，我离开父母亲人奔赴而来；达浒离家百余千米，他也义无反顾地跋涉相聚。记得到达浒报到当天便是椒花水库工程围堰截流工作正式开启的日子，三天后就召开了"大干八十天"的誓师大会，紧急任务来临时，必须快速地进入战斗状态、融入征拆工作。没有任何时间犹豫，也没有机会退缩，就这样我们全员上阵，夜以继日地上户做工作，经常晚上 11 点之后开会碰头研究对策，然后第二天早上 7 点就赶到户子上去迎接清晨的笑脸，以"5+2""白 + 黑""晴 + 雨""梦 + 醒"的节奏全速推进。可以说，担任镇长这两年，在二宝出生前很少有时间回到长沙陪伴家人，几乎都是他带着孩子来镇上相聚，如今有了二宝，他也给予了更多呵护与鼓励，也带给我继续给下一代做好勤勉示范的动力。

"自强弘毅担使命，求是拓新创未来"，毕业至今，武汉大学"自强、弘毅、求是、拓新"的校训精神一直指引着我、激励着我，让我行向远方也一直牢记来时路，担当起当代青年的使命与责任，坚决"红心"向党、坚守"初心"为民、坚定"信心"斗争、坚持"恒心"发展。最后，逢母校百卅校庆之际，祝福母校生日快乐，满园桃李、奔腾捷进，积历史之厚蕴，更创辉煌、再谱华章！也祝愿学弟学妹们能够把握当下，明心之往、力行求至、不负韶华，在最美的校园里书写最美的青春。

十载珞珈梦　扬帆但信『马』

付玉璋参加襄城区领导干部学习贯彻习近平新时代中国特色社会主义思想主题宣讲

付玉璋

1993 年 11 月生，湖北武汉人，中共党员。武汉大学马克思主义学院 2012 级本科生、2016 级硕士研究生、2020 级博士研究生，入选教育部高校思想政治课教师队伍后备人才计划。曾任第四届武汉大学博士生宣讲团团长，主动抓住抗击新冠疫情和建党百年两个关键节点，积极筹办大型联合抗疫宣讲和党史学习教育宣讲活动，服务校内外师生群众 28000 余人次，使高校宣讲团成为抗疫宣传"硬核力量"，并掀起全国党史学习教育宣讲热潮。作为青年讲师代表，曾参与录制教育部指导的"庆祝建党百年高校示范微党课展播""百校研究生颂百年"等宣讲微视频，在央视频、新华网、人民网等 16 个平台播出，累计播放量达 78000 余次。曾获第十六届"中国大学生年度人物"、国家奖学金、武汉大学十大珞珈风云学子、武汉大学十大杰出青年、马克思主义理论创新奖学金、武汉大学研究生标兵等荣誉。现任武汉大学马克思主义学院讲师。

时光如风，游走匆匆。还记得刚进校不久，就迎来了武汉大学 120 周年校庆。而让我无比意外和惊喜的是，我与武大竟然是同一天生日，而我与武大年岁相距整整一百年！ 1893 年 11 月 29 日与 1993 年 11 月 29 日的交汇，于我而言，与武大的相遇成为一场注定的因缘际会。一晃十年，我一路从本科读到博士。在这十年的时光里，我看遍了珞珈山的四季山水和亭台楼阁，感受了珞珈山的历史沉淀和青春活力，遇见了许多博学多才又风流可爱的名师大家，结识了一帮志同道合又相交甚笃的知心友人。珞珈山满足了我对青春所有浪漫美好的想象，我也将青春奋斗的足迹镌刻在珞珈山的每一个角落。

 缘起马院　筑梦珞珈

我与武大的故事开始于一个平凡却又特殊的盛夏。

作为一名文科生，我一直非常喜欢历史、政治和哲学，看新闻、读报纸是我每天的必备事项。高考结束后，当我还在思考到底报考什么专业时，我在报纸上看到了武汉大学马克思主义学院的首届招生简章，心头一喜，便立刻决定报考，幸运又顺利地成为这个学院第一批高考招考的学生之一。

初到马院，我的第一印象就是"小"。当时马院刚刚独立不久，学院不大，人数不多，规模尚小。记得那时同学们都称自己为"小马"，称马院为"小马院"；记得那时我们参加学校的各类学生社团，其他同学经常能遇见自己学院的学姐学长，而我们却只能流露出羡慕的眼光；记得那时每当我们告诉其他学院同学我们是马院学子时，大家都会露出一脸疑惑和好奇的神色。

而十年后的今天，我们好像很少再称自己为"小马院"了，我们好像在哪个社团都能遇到来自马院的优秀骨干，我们好像再也不会羞涩怯懦地跟其他学院的同学解释我们的学院和专业，而是可以无比自豪和骄傲地说我们是马院学子。甚至，每当其他学院的同学知道我们是马院学子后，都会情不自禁地露出惊讶与佩服的神色，说上一句："马院好厉害！"

我想，这些变化离不开十年里马院每一位老师与学子的付出与努力。在这十年里，我见证了马院师生在科研领域取得的傲人成绩，入选世界一流学科建设学科，第三轮教育部全国学科评估中获得第一，第四轮教育部全国学科评估中成为全校仅有的四个 A+ 学科之一，巩固提升了学科核心竞争力和在全国马克思主义理论学科第一方阵的地位；在这十年里，我见过比学生还要刻苦勤奋的老师，无论周末还是假日，我总能在深夜回宿舍的路上，看到马院三楼办公室还亮着的灯光；在这十年里，我见证了马院老师在"金课""慕课""思政课"建设上取得的杰出成绩；在这十年里，我见证了马院学子在全校乃至全国各种比赛和活动中的出色表现；在这十年里，我见证了马院招生规模的不断扩大与日渐火爆；在这十年里，我也在专业课程的不断学习中，在和导师同门几乎全年无休的科研工作中，在马院看过的无数次星辰与日出中，成长为一名真正的青年马克思主义者，日渐明晰和坚定了心中的热爱与追求，并将"学马""姓马""信马""行马"作为自己的根本遵循，主动带头展现当代青年马克思主义者的政治自觉和责任担当。

以梦为马　兼功自厉

岁月因努力而慷慨，时光在奋斗中被铭记。在珞珈山求学期间，我仿佛始终憋着一口气，争分夺秒，不敢停下。迎着晨曦，伴着鸟鸣，披着星辉，沉浸夜色，只求不负每一分韶华，望时光在充实而努力的奋斗中流逝得慢一些。

还记得刚上本科的我对大学的学习生活充满着好奇，每一天仿佛都有用不完的精力和劲头。我会在早上拉着室友一起去奥场晨跑、背英语，会细细探索各学部图书馆的每一个区域和特色功能，会去蹭各个学院大佬的课程，会享受在枫园自习室沉浸的幸福，会为了听一场名师大家的讲座而在门口苦苦排队一个半小时，会积极参加各种英语角和读书会，会在大二听说可以选修双学位时积极报名。而自从选修双学位后，本科的学习生活变得愈加忙碌，再也没有一个可以偷懒休闲的周末，取而代之的是从早到晚满满的课程，所有的节假日也都因为双学位的课程安排而缩短。尤其令人难忘的是，每次到期末复习周，那种双倍复习任务和课业压力的酸爽感。为了能有更多的时间学习，我和室友在寝室熄灯后搬出小板凳，借着公共区域的灯光继续埋头苦干，甚至跑到武大门口 24 小时营业的肯德基通宵复习。

想到这里，不禁羡慕起现在的学子，在校内梅园 CBD 就可以吃到肯德基，喝到茶颜悦色，期末复习周还可以在图书馆通宵学习。或许，在岁月的沉淀中，我和武大都在慢慢变好，悄悄成长。

本科以优异成绩保研后，我留在武大马院继续攻读硕士学位。硕士阶段与本科阶段相比，无论是学习方法上，还是学习内容、学习状态上都有了很大差别。如果说本科阶段更多的是一种自由的、广泛的、全面的阅读式学习，那么硕士阶段更多的是一种聚焦的、专注的、深度的研究式学习。读硕士期间，我最为幸运的是遇见了导师骆郁廷教授。骆老师总是想学生所想，急学生所急，唯愿能将毕生所学倾囊相授给学生们。在导师的引导和带领下，我对科研产生了更加浓厚的兴趣，并日渐坚定了踏上科研之路的决心。马院那间小小的办公室几乎承载了我整个硕士期间的学习生活，透过那扇小小窗户，我看过无数个清晨、日暮与星月，看过一次又一次树叶由绿到红再到橘的变幻，看过鸟舞、虫飞和壁虎漫步……在这三年里，我体味过通宵达旦干科研的艰辛，也体味过吃到八一路早餐店凌晨四点半第一碗热干面的满足感；我体味过科研过程中的焦虑，也体味过导师耐心解答和细致教导的温暖；我体味过科研连轴转的疲惫，也体味过收到印有自己论文的期刊时的兴奋与喜悦。感恩的是，所有努力终都有所回报。硕士阶段我课程平均成绩达到 91 分，连续三年专业排名第一，参与中央"马工程"等 2 项重大课题研究，公开发表了多篇学术论文，连年荣获学业一等奖学金、雷军奖学金、马克思主义理论创新奖学金等多项奖学金，而这一切也让我坚定而又自信地走上了读博之旅，并入选教育部高校思想政治课教师队伍后备人才计划。

助我前行者，皆我所愿。回首三年读博时光，我拼搏过，痛苦过，失意过，崩溃过，但更多的是充实、幸福和感恩。在读博期间，恰逢建党百年，我积极撰写理论文章，努力为总结阐释党的百年伟大历程、辉煌成就和宝贵经验贡献自己的青春力量。我撰写的《党是青年成长的引路人》在《中国教育报》发表并被"学习强国"全文转载，累计阅读量破 17 万，点赞超 7600 次；撰写的《中国共产党人初心使命的哲学基础》被中国人民大学复印报刊资料全文转载。攻读博士学位期间，我累计公开发表 5 篇理论文章，其中 CSSCI 来源期刊 4 篇、国家级报纸理论版 1 篇、重要期刊 1 篇、独作 1 篇，中国人民大学复印资料全文转载 2 篇；有幸参与了导师的教育部哲学社会科学重大攻关项目结项工作、2 本重要书稿的撰写及修改任务，独立主持并完成市级科研课题 1 项，结项成果获市级优秀结项成果二等奖，荣获国家奖学金、学业一等奖学金等多项奖学金。

攻读博士学位期间，最让人成长的莫过于写博士论文这一年。在这一年，我更为真切地体会与理解了"板凳要坐十年冷，文章不写一句空"的真谛。写毕业论文的日子，没有周末，没有假日，亦没有春节假期与家人的团聚与重逢，有的只是孤身一人在学海奋战，执笔为剑，修炼成长。时光在字里行间流转，无数个纸笔沙沙、键盘轻敲的夜，无声地诠释着奋斗的青春，那份孤独与寂静也变成了一个人的狂欢和自在。看着毕业论文在时间的流逝中由段成目，由目成节，由节成章。当 20 余万字的博士论文伴随着 2023 年早樱的悄然绽放终于完成的那一天，一瞬间竟然有了一种落泪的冲动。在这个美好而又温暖的春天，我在珞珈山十年的求学生活画上一个句号，也收获了一份于我而言弥足珍贵的"成长礼物"，这份礼物承载着我的热爱与用心、坚韧与毅力、敬畏与认真，记录着我青春奋斗的痕迹。而这份礼物的顺利收获，也离不开给予我莫大帮助、支持、鼓励、肯定和关爱的师友亲朋。这也让我坚信，日复一日努力的意义就在即将要到达的前方。

学以致用 知行合一

马克思说："哲学家们只是用不同的方式解释世界，而问题在于改变世界。"在踏入马院成为青年马克思主义者的那一刻，我便将"学以致用、知行合一"作为自己追求的理想。我不甘于仅仅做一个学习者、研究者，我还想成为一个富有行动力的实践者。从本科到硕士到博士，无论时间再紧张，学习再忙碌，我也从未停止在学以致用中提高自我，在知行合一中担当作为。

本科阶段，我多次以支教服务乡村振兴。本科四年，我一直以"奉献、友爱、互助、进步"的志愿服务精神为指引，先后赴河南省嵩山市少林寺慈幼院、湖北省随州市柳林镇支教，参与湖北省咸宁市嘉鱼县"一对一"帮扶计划，累计帮扶80余人。支教结束后，我对学生的帮扶行动也从未停止，在升学、择业等人生重要时刻，我都力所能及地提供关心与指导。其中有一名学生已远赴新疆成为一名人民警察，在守护人民的岗位上发光发热，让我感到无比自豪与欣慰。

硕士阶段，我努力以实践助力基层治理。读硕士时我担任武汉大学研究生创新实践协会会长，致力于服务全校研究生基层实践锻炼。我自己也主动申请到基层实践锻炼，参与乡镇扶贫工作，多次到基层与贫困户谈话谈心，编制党风廉政建设资料，开展党课宣讲，获全局通报表扬。让我印象尤为深刻的是，在实践期间张湾区遭遇旱情、汛情双重考验。旱情中，我主动参与乡镇调研，撰写相关报告；汛情出现后，我又与单位同事顶着40多度的高温，来回奔忙，踏着泥泞土路巡查5处水库。在基层实践的那段时间，我对迟子建的《泥泞》有了更深的体悟，正如她所说："泥泞诞生了跋涉者……当我们爱脚下的泥泞时，说明我们已经拥抱了一种精神。"我希望自己也能始终葆有这种精神。实践锻炼结束后，我有幸收到了实践单位专门向学校发来的感谢信，这也给我增添了前行的动力。

博士阶段，我积极以宣讲贡献青春力量。读博期间，我担任武汉大学第四届博士宣讲团团长，抓住抗击新冠疫情和建党百年两个关键节点，主动谋划。

新冠疫情期间，我积极组织全国高校线上联合抗疫志愿宣讲系列活动。疫情在河北省出现反复时，我第一时间与河北师范大学等4所河北高校取得联系，开展"同心共'冀'，共克'石'艰"线上联合宣讲，撰写抗疫宣言，分享武汉相关经验，喊出"热干面给缸炉烧饼加油"的口号。随后，组织面向湖北省高校的"守望相助 留校不孤单"专题宣讲会，让留鄂过年的大学生感到"人在异乡非异客"的温暖与关怀。党史学习教育活动开展以来，我积极策划开展专题宣讲，先后组织10余次备课会，筹办大型宣讲活动30余场，推出线上预约课程85讲，打造线上党史微宣讲视频5部。联合清华大学等42所高校完成12

场全国高校党史接力宣讲，掀起全国青年大学生党史学习教育大学习、大联合、大宣讲的热潮。我自己也身体力行，入高校，访中学，进社区，跑企业，下基层，连云端，全年开展主题宣讲 20 余场，参与录制教育部思政司指导的 2 部线上宣讲微视频，并在新华网、光明网、人民网等 16 个平台播出，线上线下累计服务10 万余人，有关事迹被新华社、《长江日报》《湖北日报》等多家媒体宣传报道。

万物皆流，唯情旦旦。在珞珈山的十年，是奋斗的十年，亦是收获的十年。在学业上，我先后荣获十余项奖学金；在工作上，我荣获第十六届"中国大学生年度人物""十大珞珈风云学子"、武汉大学"十大杰出青年"、武汉大学"研究生标兵"等数十项荣誉；在生活上，我有幸遇到了带给我无数帮助、支持和温暖的老师、益友和爱人。

我很感恩在珞珈山十年所遇到的一切，正是这一切给了我无穷的力量与勇气，让我能够每每于半山疲惫而不停，于中流徘徊而奋楫。希望未来，我能始终不忘初心，保持心中的热爱与感恩，一手捧起可读之书，一手牵起可爱之人，踏浪逐星，奔赴下一片灿烂的星辰大海。

祝和我同一天生日的武汉大学，百卅生日快乐！愿将所有美好的祝福送给你，愿你薪火相传，生生不息，荣光万丈！

王众工作照

从珞珈到基层一线
在思考与实践中不断前行

王　众 ···

　　1996 年 8 月生，湖北宜昌人，中共党员。武汉大学经济与管理学院
2014 级本科生，武汉大学首期青年马克思主义者培养工程学员。曾参与
武汉大学首期青年马克思主义者培养工程学员，曾获评全国大学生数学
建模比赛全国二等奖、国家奖学金、北京大学优秀学生干部、北京大学
优秀共青团干部、武汉大学青年五四奖章、武汉大学优秀毕业生、武汉
大学三好学生等荣誉。曾任北京大学研究生代表大会常务代表委员会副
主任，现任湖北省枣阳市人民政府党组成员。

在夷陵中学读书时，教务主任向我们推荐了一本寒假读物——林毅夫的《解读中国经济》。读后我对经济学产生了浓厚兴趣，高考报志愿时就填报了武汉大学经济与管理学院。从本科学习经济学开始，到现在基层一线从事相关工作，一共过去了9年。这9年的时光，给了我很多探索的机会，一条主线是围绕经济学进行学习、研究，让我对经济运行规律的认识不断深化；另一条主线则是学习之外的丰富实践，让我在各种尝试中逐步明确前行的方向，最终选择到基层一线工作。

珞珈求学：不断探索多种可能

"明诚弘毅、经世济民"是武汉大学经济与管理学院的价值观。怀着学好经济学、建设祖国的想法，我本科期间勤奋学习，四年下来综合排名全系前列，获得推荐免试攻读研究生资格。我学习经济学的主要方法是建立一套自己的知识体系，将厚重的课本变为一张纸能写清楚的清单，做到将每个要点能讲清楚。除了学习课堂上的知识，我经常去图书馆翻阅相关著作，努力让自己在课本之外多学一点、多懂一点、学深一点。

以项目形式获取知识是我本科期间一种重要的学习方式。通过参加"康腾杯"全国商业案例分析大赛，我学会了撰写商业计划、分析商业模式；通过参加全国大学生数学建模比赛，我学会了以数学模型思维解决实际问题；通过参加"中金所杯"全国高校大学生金融及衍生品知识竞赛，我系统了解了各类金融衍生品运作模式。通过券商实习，我掌握了行业分析的基本方法；通过参加学院组织的科研项目，我掌握了学术研究基本方法；通过积极参加并做好每个项目，我积累了大量书本之外的经验。大学四年的宽松时光给了我大量时间尝试未知领域，不断探索自身发展的多种可能性。

2015年，武汉大学启动青年马克思主义者培养工程，在学院团委副书记介绍、推荐下，我报名成为首期学员。青年马克思主义者培养工程三年的培养，让我打下了坚实的理论基础，在本专业之外开阔了视野，积累了基层社会经验，促使我更深入地思考国家和社会问题。通过该工程,我广泛涉猎各学科知识,到武汉大学大部分院系听过课,未知的领域总是让我保持谦虚与好奇。在我选修过的课程中,中国社会史教会我体察宏大叙事下的百姓生活,商务礼仪与谈判提升了我沟通技巧,C语言编程训练了我的逻辑能力。法学教会我严谨,水利课教会我工程思维,心理学教会我把握人性特点,宇宙学让我思考宇宙与人类命运等。武汉大学囊括多门类学科的优势构筑了我多元化的知识储备体系,让我在处理复杂问题时更有底气,不自觉就会想到、用到课堂所学,我一直很感激当年在学校受到的综合培养与锻炼。

在青年马克思主义者培养工程培养期间,我还积极参加各类社会实践活动,在实践中提升综合素养。青年马克思主义者培养工程给我们学员创造了许多锻炼机会,暑假去武汉百步亭街道基层社区锻炼,我感受到大城市基层治理面临的难题;参与武汉园博会志愿者工作,我体会到组织大型活动的复杂;走上珞珈青年说讲台,我领悟到逻辑思辨的力量。"青马班"丰富的实践经历让我更加关注现实生活,塑造了我强烈的现实关怀——不是在教室坐而论道,而是走向田野、走向基层、走向社会去解决实际问题。"青马班"的经历让我面对不确定时更加从容,不是去从众,而是坚守自己内心的判断与想法。

本科毕业后,我没有选择读一个专业硕士、找一份高薪工作或者出国读研,而是选择去北京大学继续攻读经济学博士。大学三年级暑假面临毕业后出路问题,我也曾反复思索。相比于2年制的专业硕士,博士的学制长达5年,当时大部分人对读博士存在畏难情绪。我没有满足于本科期间的学习,而是想深入系统地研究中国经济问题,提出深刻的理论或见解,能够为国家实实在在做点事。经过全面考虑,我最终选择去北京大学光华管理学院继续攻读博士。

 燕园岁月:坚守初心扎实研究

在北京大学学习期间,我师从于鸿君老师,专注于研究新中国经济史。新中国成立以来,工业化取得了举世瞩目的成就,自2010年起始终蝉联世界第一制造业大国。然而，既有经济学文献主要侧重于中国改革开放后的工业化成就及经验研究，对中国社会主义革命和建设时期的工业化建设关注较少。社会上的一些"流行认知"还低估了该时期的工业化成就与历史意义，甚至将改革开放前、后两个时期截然对立起来。

我的博士学位论文是关于新中国经济史的研究，以新中国工业体系建设的启动、演进与影响作为贯穿全文的逻辑线索，主要分析156项工程对新中国工业化和工业体系建设启动的奠基作用，分析156项工程对新中国社会主义革命和建设时期工业体系形成和演进的塑造作用，分析社会主义革命和建设时期奠定的国有工业基础与改革开放后乡镇企业崛起之间的关系，揭示156项工程的长期影响。通过构建一套系统完整的地级市层面新中国经济社会历史发展数据与资料库，我将历史数据与现代数据整合起来，第一次采用微观数据量化分析了新中国工业体系建设的启动、演进与影响等问题。

除了做好论文研究，我也一直在实践一线不断积累经验。攻读博士学位期间，我参加过庆祝建党百年志愿服务工作，在福建平潭综合实验区开展社会实践，在学校、学院两级学生组织从事学生权益工作，在财政部实习等。北京大学丰富的学术资源给了我极大的滋养。我利用空余时间去哲学社会科学各学院听各类课程与讲座，这不仅对我做好学术研究帮助极大，也加深了我对基本国情的认识与思考。

博士毕业后，我放弃了金融领域的高薪工作，也放弃了去中央部委工作的机会，而是选择选调到祖国基层一线工作。在基层工作能更直观地了解实际国情，提升综合能力，更好地为老百姓做点事。我决定去中部地区工作，这里更能代表中国发展的中位水平。光华管理学院1号楼西侧有一块巨石，上书厉以宁先生"敢当"二字，表达了我们光华人的精神气质——以行动的勇气做那些难但是重要的事情。正是在北京大学和武汉大学的求学经历，让我加深了对国家和社会的洞察，坚定了自己的选择与初心。

到基层一线：斗真碰硬推动工作

刚到基层工作，我也经历了一段学习期。虽然同在湖北省内，但我从未去过襄阳，到市委组织部报到的第一天便被派到县市工作，对当地的经济发展情况与风土人情十分陌生。初到基层，我面临三重适应挑战：一是适应新身份，摆脱学生思维，以党政干部身份履职尽责；二是适应新工作，围绕市委市政府中心工作，将全部精力用于为当地谋发展；三是适应新规则，熟悉政府行政规则，明晰自身职权范围，按制度办事。我从学习政府工作报告等文件入手，多听多看勤思考，积极融入当地民风民俗，抓住一切机会调查研究，积极参加各类会议了解当前重点工作。在组织关心与培养下，经过一段时间学习，我迅速适应了新身份、新工作与新规则，开始独当一面地处理各项工作。

地方经济社会发展工作千头万绪，根本还是坚持问题导向，从最制约地方经济社会发展的方面着手解决。解决问题需要有正确的工作思路，在工作之余我系统性地学习习近平新时代中国特色社会主义思想，仔细圈点勾画每篇文献的重要观点，将学习心得转化为解决具体问题的工作思路。

我接手的第一项工作是金融工作。金融是县域经济发展的短板，贷存比不高、资金净流出一直是制约县域经济发展的重要因素。同时，县域企业发展不规范，银行不良贷款包袱较重，涉众金融等历史遗留问题较多，这些都是以金融赋能县域经济面临的现实问题。

面对这些问题，我在市委市政府领导下，一手抓存量历史遗留问题的化解，以市场化、法治化思维解决历史遗留问题，并严控问题增量。另一方面，我狠抓金融延链补链，推动县域金融由"信贷、担保"向"信贷、担保、供应链金融、股权投资"转型。积极推动担保纳入省级"4321"政策性融资担保体系。推动企业"小升规、规改股、股上市"，全流程培育企业上市梯队，积极发展股权融资。把供应链金融作为县域金融服务实体经济的主要增长方向，引入合作伙伴，对本地企业开展供应链金融服务，缓解中小企业融资难、融资贵问题。

做好县域金融工作重点是经营好国有平台公司，撬动农发行等政策性银行信贷更多投入地方发展。在市委市政府领导下，我首先从优化国有企业的体制机制入手，以市场化原则提升国企工作效率。明确国有平台公司发展思路是打造国有资本投资运营平台与城市建设运营综合服务商。着力推动国有平台公司壮大资产规模，提升信誉等级与融资能力。明确国有平台公司的四大经营板块及发展思路，不断提升公司的经营能力与水平。以国有平台导入更多社会资本与资源，推动地方公益性事业与经营性产业发展。

接手工业经济以后，面对日趋激烈的县域经济竞争压力，必须加快产业转型升级步伐。在市委市政府领导下，我不断创新抓经济工作的手段与方法。运用学校期间所学知识，我深入分析了当地资源禀赋优势与产业基础优势，通过召开企业家座谈会、分析行业趋势等方式明确地方产业发展方向。从问题出发，我明确抓经济工作首先抓产业规划，以规划统筹，以项目落实。按照襄阳市委市政府要求，我牵头编制了支持市域副中心高质量发展意见。为落实该意见，我牵头编制了支持国家级经开区高质量发展意见，将其打造为地方经济发展的主阵地；牵头编制了支持国有平台公司高质量发展意见，将其打造为地方经济发展的重要引擎。贯彻湖北省"工业园区化"工作思路，在国土空间总体规划基础上，我推动编制地方产业发展与布局规划，突破性发展新能源与新材料两大优势产业，打造国家级摩擦材料产业园与小型聚合物锂电池产业园。我还积极谋划招引相关重大项目落地，创新招商引资方式，服务重大项目建设，打通工程建设各类堵点、难点。坚持亩均效益综合评价，腾退低效闲置用地，留足发展空间，不断提升亩均产值、税收与创新能力。

在地方工作期间，我还积极对接北京大学、武汉大学等高校资源，推动校地之间深入合作。谋划以项目制推动科技创新工作，以专利导航为索引精准对接创新资源，以企业揭榜挂帅和大学生实习实训两种方式导入各类创新人才，以专利创造、运用为核心推动国家知识产权强县建设。积极对接高校智库研究项目，将地方经济发展与社会治理经验进行理论化总结概括，提炼中国式现代化枣阳实践案例。筹办全国县域产业发展论坛，总结百强县产业发展成功经验，创新"论坛＋智库＋招商"模式。我还谋划在打造历史文化名片、开展城市微更新、微改造等领域推动校地深入合作，以高校智力资源赋能地方经济社会发展。

抓经济还要抓安全。面对企业安全生产历史欠账较多的实际情况，我提出严控增量，逐步消化存量，完善专业化隐患排查整治销号机制，建立专业化排查队伍，保证排查频次，对排查出的问题限期销号。加强基层应急救援力量建设，逐步建立5分钟应急救援圈，加强乡镇应急救援队伍、应急物资准备、应急救援设施与消防站点建设。完善对企业安全生产奖惩机制，对存在重大安全隐患的企业不能予以财政、金融、土地等各类要素支持，直到企业整改完毕，倒逼企业做好安全诊断与整改工作。完善企业安全生产准入机制，新开工企业做好安评工作，在招落服各环节严把安全生产关，防止企业带隐患投产运行。

基层不仅是了解中国的窗口，也是干事创业的舞台。基层工作不仅锤炼人的意志，更能锻炼人的本领。《钢铁是怎样炼成的》这本书中提出了一个经典问题——"人的一生应该怎样度过？"我相信，每个普通人的努力与选择共同组成了国家的未来与希望。我愿意继续迎着未知与挑战前行，但行好事，莫问前程，唯愿促一方发展、兴一方文明、富一方百姓、保一方平安。而在这一过程中，武汉大学带给我的青年精神一直滋养着我、激励着我，让我永葆工作上的青春和活力。

珞珈学子　逐梦西部基层

周理（右一）同青年志愿者及村民一起背石铺路修建"千步石梯"

周　理

1988 年 1 月生，贵州贵阳人，中共党员。武汉大学政治与公共管理学院 2014 级博士研究生，广西定向选调生。曾担任团市委青年志愿者部部长、四级调研员，自治区 60 周年大庆办会务组办公室副主任，驻村第一书记，市委组织部干教科长，广西韦拔群干部学院副院长，市委主题教育办秘书组副组长等职务。热爱志愿服务、乡土农村及组织服务工作，所带领的市青志协获评"广西青年五四奖章集体"及中宣部、中央文明办等 18 部门授予全国学雷锋志愿服务"最佳志愿服务组织"。曾获"广西优秀共青团干部"（新冠肺炎疫情防控专项）、市疫情防控工作"优秀共产党员""优秀通讯员"。2023 年，获"武汉大学四五青年奖章"。个人事迹被新华社、《光明日报》、学习强国、《乡村干部报》等媒体和市优秀典型专题片《奋进新征程 建功新时代 周理：让大山记录下奋斗的"甜蜜"》及武大官微《周理，武大为你鼓掌》等报道。

从贵州万里大山来到珞珈山求学，在校园的美好时光是那么珍贵，在这里学习，我收益也是最多的。印象最深的是课堂上老师解读苏格拉底的经典智慧：认识自己的无知就是最大的智慧。很多时候漫步校园都在咀嚼着这些"真理"知识的味道，我们一方面崇尚理性科学，另一方面我们也要承认人类理性的有限性，在纷繁复杂中，我们应该怎么过好一生呢？

认知是一个人最大的竞争力，读书既是跨时空对话先贤，启发思考、答疑解惑、提升认知，也是保持自我和现实社会边界性的一种生活方式。理性思维在我们生活中无时无刻不发挥着"指挥棒"的作用，但如果把理想信念全部建设在理性思维上，那就像在流动沙石上建造高楼大厦一样，随时都会在得失中晃动。承认理性的有限性后，我想，不妨试试拥抱价值思维。价值思维跳出得失之心，站在更高的维度审视，从根本上破解问题。价值思维可以让我们摆脱对当前利益得失的权衡，坚定的理想信念和家国情怀从这儿可以找到牢固的基石。正如我们校史馆中记录着原国立武汉大学教务长朱光潜1944年给毕业生的题词："个人温饱以外，别无高尚理想，士当引以为耻"；又如原校长窦贤康院士所说："武大培养的学生从来不只是为了个人的谋生，而是以实现国家富强、推动社会进步、谋求人类福祉为己任"。我想，这也许就是母校留给我最大的财富，也深深影响着我的每一个选择。2017年博士毕业后，我毫不犹豫选择通过定向选调生从珞珈山到广西十万大山，到西部去，到革命老区去，到人民群众中去挥洒汗水，书写青春。

2018年，我有幸来到自治区60周年大庆办挂职，圆满完成中央代表团14个市座谈会和合影工作、园博园考察交流工作、志愿服务大会等。在团南宁市委负责志愿服务工作时，三年疫情期间我始终冲在第一线，三年过年都没有回家。创建文明城市过程中我与200名志愿者，参加创城值守"三无小区"（无物业管理部门、无主管部门、无人防物防技防）志愿服务活动，创广西连续志愿服务时间之最，长达超60多天的环境卫生整治、清理小广告、创城宣传等。

2021年4月，我主动申请到基层，担任曾为国家深度贫困村马山县古棠村的第一书记。在巩固脱贫攻坚成果同乡村振兴有效衔接中，依靠母校和后盾单位等支持成立了村志愿服务中心，积极发动村民也成为志愿者；种植花海养殖蜜蜂，山旮旯的琴榜山成为马山县网红打卡地，构建了"琴榜山"系列特色产品；建设县里第一个村足球场，成立古棠小学女子足球队。

"青春就是取之不尽的财富，青春就是奋斗不息的韧劲，青春就是主动选择吃苦的淬炼成长"，2022年年底，我再次主动申请来到革命老区河池，在河池市委组织部负责干教工作。年初面对任务重、时间紧的调训工作，没有任何退让，以积极主动心态，全力以赴完成中组部、自治区党委组织部及河池市各级领导干部调训工作。2023年6月到全国著名的革命老区东兰县担任广西韦拔群干部学院副院长，在这片革命先辈洒满热血的红色大地上，继续书写珞珈学子在西部基层逐梦的故事……

疫情防控主动担当，服务大局

2020年，面对突如其来的新冠疫情，大年三十，我和小伙伴们一碗方便面当午餐后，就积极主动投身到疫情防控志愿服务中，宣传疫情防控，到社区路口值守排查、测量体温等。同时，我们积极联系爱心人士、爱心企业等一起为马山县金钗镇、河池都安瑶族自治县等疫情严重地区募集防疫物资价值约60万元；组织策划消杀志愿服务项目，与青年志愿者一起为100多个单位开展义务消杀志愿服务，总面积超过200万平方米。

由于工作强度过高，当时脑袋出现幻觉，感觉嘴里全都是"药味"，耳朵里是全都"响声"。因为在疫情防控第一线，接触太多人，最大的感受就是害怕自己被传染，害怕不知不觉感染后变成"毒王"拖累大家。尽管如此，我也从未停歇过脚步，而是更加小心仔细，做好防护，避免给大家带来隐患。

2020年夏季，南宁市创建精神文明城市进入攻坚阶段。我负责招募200名各行各业青年志愿者，在下班时间，一起参加创城值守"三无小区"志愿服务活动，开展了长达两个月的环境卫生整治、清理小广告、创城宣传等活动。"垃圾和小广告不见了，环境干净整洁了"，众多"三无小区"的居民切切实实感受到创建精神文明城市志愿服务带来生活改变的幸福感。其间，南宁市锦亮村村民谢福荫为积压千余只青头鸭找不到销路而愁眉不展，闻讯后，我立即与爱心企业一起深入到锦亮村为其销售了 500 只鸭；为上林县西燕镇北林村蛋鸡场销售了 300 件 13500 斤库存滞销鸡蛋，助力脱贫攻坚。在自治区选调生大会上，武汉大学时任校长窦贤康院士在大会发言中以此作为优秀典型发言。

2021 年春节，我积极响应党和政府号召留邕过年。春节放假期间，组织策划成立了 20 多人的留邕青年志愿服务队，开展致敬抗疫英雄送鲜花祝福、主动关爱弱势群体送大礼包贴对联、宣传疫情防控知识、为流浪人员送包子和饺子等活动；我和爱心企业开车来回六七小时，为贵港桂平市社步镇良北村 90 岁老人送上 90 份米、油、面条等。赠人玫瑰，手有余香。有时觉得微小的志愿服务工作原来如此暖心，因此觉得"有种幸福的生活方式，就是当青年志愿者"。

2022 年新春佳节，我联系爱心企业为古棠村 589 户 2078 人送上"新春抗疫大礼包"，助力抗疫及新春慰问。佳节期间，古棠村潘晓强家亲戚从外地回乡居家隔离，其中有人做过甲状腺癌手术，出院后一直靠药物稳定病情，但当时药没有了。知道情况后，我第一时间开车到县城买药，同时给村民买了一些生活用品和补品，深夜送到潘晓强家。完成两年驻村任务后，我又主动申请到艰苦的革命老区，选择继续努力奋斗。

扎根农村无怨无悔，真心换真情

面对急难险重工作，我也一度忐忑不安，是否敢于攻坚，深入石漠化山区一线带头干，不断历练自我，不断挑战自我呢？

2021 年 4 月，我下定决心到最艰苦地区去奋斗，去历练成长。组织安排来到曾经为国家深度贫困村的古棠村驻村。我第一时间深入古棠村 14 个自然村屯，走访了全部村民小组和家庭。古棠村全部为旱地，属于典型的"九分石头一分地"的大石山区，居住着瑶、壮两个少数民族，其中瑶族占总人数的 15.2%。

我在担任古棠村驻村第一书记期间，积极履行党建"第一责任人"职责，坚持党建引领，筑"五基"促"三化"，强基固本，不断丰富"新时代流动夜校"

走进千家万户。2021 年国庆，我用工资购买了 500 面五星红旗，和村民们一起插满琴榜群山，500 面五星红旗在琴榜群山高高飘扬，还带着老百姓到山上升国旗唱国歌。2022 年国庆节，我继续带着村民到古棠村最高的琴榜山升国旗，南宁市很多市民也带着孩子老人来山上升国旗，并开展了"新时代流动夜校"学习交流活动。

"新时代流动夜校"作为瑶族村民农闲时的交流平台，发挥基层党支部战斗堡垒作用，党建工作成为瑶族村民生活密不可分的一部分。其主要内容有四：一是驻村队员讲党课。我作为第一书记带头，邀请自治区、市、县、乡领导共同入屯入户讲党课，让党建工作不断走深走实，依托武汉大学乡村服务站（马山）的平台资源，与广西中建西部建设有限公司等创建古棠村"志愿服务中心"，招募了 200 多名青年志愿者到古棠村开展志愿服务活动，青年志愿者驻村有的在 1 年以上。组建了村容村貌党员志愿服务队、小小志愿者服务队、青年志愿者服务队、剪刀山歌文艺志愿服务队等。开展了"我爱我村 美丽乡村 你我共建"提升村容村貌、三清三拆、建设生态"四微"园等工作。结合为民办实事党史学习活动，持续性拆除违章建筑和乱搭乱建 100 多处，整治路边小广告 500 多处，清运垃圾 128 多车，清理河道 50 处；修建了 100 多个微型花园、果园、菜园、田园，打造了 50 亩油菜花、50 亩向日葵花、30 亩野菊花和格桑花海，修建了"千步石梯"；绘就了 66 幅独具特色的瑶乡民族风情人物、动物墙体彩画；关爱古棠村留守老人、留守儿童，为 59 位老人、儿童开展 150 次志愿服务，带动约 2000 多名爱心人士捐款金额总计超 60 万元，无偿投工投劳 15140 人次，累计志愿服务时长超 60000 小时。二是通过党的政策有奖抢答，传达上级政策并收集民意，畅通上下沟通机制，调动瑶族村民的积极性、凝聚力及组织力。三是带领瑶族村民一起传承瑶族非遗文化，唱响本村自治区级非遗"剪刀山歌"自创作品《唱支山歌给党听》，丰富村民夜间生活。民族文化娱乐性，其教育意义润物无声，"感党恩、听党话、跟党走"在少数民族文化演唱中入脑入心。四是定期开展党建引领"最美屯""最美村民""最美家庭"系列评选，发现培育一批产业优势突出、环境整洁优美、示范带动性强的"最美"典型。

同时，发挥党员干事创业的头雁效应，加强经验交流学习分享，举办古棠村党员产业学习培训和青年创业论坛 15 次，开阔党员和青年致富带头人视野。在党员中培育致富带头人 5 人，在致富带头人中培育入党积极分子 2 人。

 挖掘发扬愚公精神，以身作则

榜样的力量是无穷的。乡村振兴建设，一个常被忽略却又最重要的问题是：如何通过党建引领，激发主人翁意识，发挥村民的主体性作用，从而产生持久的内生动力。到马山县后，我走访了很多村，发现自然条件恶劣的东部大石山区和自然条件禀赋优越的西部，都存在明显的内生动力异常不足的情况；而东部大石山区尤其突出，再不努力，就要更落后，就会错过乡村振兴的机遇。

怎么挖掘和激活东部大石山区古棠村的内生动力呢？在走村串户中，我听老人们诉说各种家长里短和民间故事，无意中听古棠村琴榜屯老党员讲到了修路的感人故事。通过一步步挖掘和收集梳理，古棠村琴榜屯 9 年修通 6 千米路的当代愚公故事，完整地显影了。随后，新华社、广西交通广播电视台等跟进报道，《万凿出深山》《当代"愚公"劈开 6 公里"天路"》等引起了很大反响，阅读量超过百万。这就是内生动力的鲜活榜样。通过"新时代流动夜校"全村宣扬，鼓励村民拧成一股绳，党员带头，自力更生，艰苦奋斗，造福子孙后代，书写乡村奇迹。当时，琴榜山小路没有铺好，劳动出行不方便，我就以身作则，带着党员志愿者和青年志愿者，发扬琴榜山"当代愚公精神"，利用周末空闲时间开始背石铺路，铺就了"千步石梯"。随后很多村民纷纷加入，历经三个多月，铺了一条"千步石梯"。很多爱心人士知道后，纷纷出手相助，特别是县自然资源局带领企业家捐赠了 14 万元，加固完善这条"千步石梯"。

为引来资金，我深知必须"不怕麻烦、不怕累，主动策划项目，主动汇报申请"。通过不懈努力，引来了 1000 多万元资金，用以改善人居环境和完善基础设施。一是安装上里屯防护栏；二是完善琴榜屯产业路、产业水柜、产业用房、路灯、污水处理工程；三是解决拉怀屯生态污水处理问题；四是修整古郎屯产业路；五是修缮古棠小学球场和多功能教学楼；六是通过广西希望工程、广西青少年发展基金会开展马山县乡村振兴"蓝莓树认领计划"，筹集 26 万元助力古棠村琴榜山蓝莓产业等。

通过不断发展壮大村集体经济，供给更多公共产品，服务村民。很多屯的基础建设如化粪池、道路硬化、路灯、水柜维修需要经费，慰问特殊家庭、慰问脱贫不稳定户等也需要经费。我带领村两委通过"四议两公开"程序，报上级党委政府同意后，利用村集体经济投入基础建设项目筹集 150 万元，解决了部分群众的实际问题，并且增加脱贫户的做工收入，带动脱贫户 46 户，联农带农机制更明显。

通过集体经济招商引资，注册并擦亮集体经济品牌，引来马山县琴榜山农业有限公司打造"琴榜山"系列特色产品、"琴榜山"特色产品店及红旗湖搬迁社区 2000 千平方米合作生产基地，助力合作企业马山县大石山农业科技有限公司 2021 年实现 400 多万营业收入。2021 年，我为全村每家每户都赠送了新春大礼包，销售琴榜山蜂蜜带动农户收入 10 万元；直播带货销售黑豆 1 万斤；集体经济种植佛手瓜和黑皮瓜 100 亩，群众投工投劳分红增加收入 2100 元；上万只贵妃鸡贷鸡还鸡项目，让 80 多户脱贫户直接增收 1000 元；约 70 多亩养蚕种植基地及 1000 平方米养蚕场带动 78 户脱贫户 322 人，累计为集体经济增加收入 10 万元。268 户脱贫户 984 人（不含搬迁户）人均年纯收入低于 6233 元清零，低于 9167 元清零，低于 1 万元清零。协助申请奖补 169 户 397 人总计 50 多万元，协助申请小额贷款 88 户 381 人总计 400 多万元。通过集体经济招商引资的时候，为了争取企业家带着项目资金投资村里发展，在集体经济合同里关于 100 多万元资金风险兜底问题，我签上了自己名字做担保，如果出现任何风险，我来偿还，让大家放心干事创业。还有一件印象深刻的事情，就是当时村里发生火灾，我在认真研判后，以最大的勇气和决心，跳进火海中阻断了火灾蔓延，成功灭了火。感觉在基层农村要真正做点有意义的事情太不容易了，真的要拿出置之死地而后生的担当精神，才能拼出一条血路，才能带领大家走出去。

继续投身革命老区，守正创新

2022年年底完成国家各项巩固脱贫攻坚同乡村振兴有效衔接检查后，我又申请来到条件艰苦的革命老区工作，在河池市委组织部负责干部教育工作。在工作期间，不断开动脑筋，积极主动，守正创新，全力以赴完成干部教育各项工作。面对时间紧、任务重的中组部和自治区调训及中组部一个月的市县党政主要领导培训班及河池市春秋主题培训班，以强烈的责任感和饱满的精神状态顺利完成任务。

针对市里干部队伍能力短板和紧缺专业知识，积极开拓进取，守正创新，通过"四个一"措施提升了培训质量。

"一改进"，主要是改进主体班次培训质量。加大了专业化课程融入，坚持主体班次理论课不低于70%的情况下，聚焦干部队伍普遍缺失的专业知识，加大专业化课程安排；改进教学方式，强化案例教学、实战化培训教学等方式。

"一严把"，严把部门外出办班质量。在培训主题、过程管理、培训成果转化上，提出新要求，即课程设计必须聚焦干部队伍能力短板和紧缺专业知识；在成果转化运用上，要求至少完成1篇高质量学习论文，开展1次成果交流。另外，强化学员管理，严禁培训期间聚餐饮酒，并要其签订承诺书。

"一讲堂"，在市直部门推行机关讲堂，要求每周开展至少1期"干部上讲台"活动，推动机关干部思考工作，研究业务，提升能力。

"一论坛"，开展"年轻干部成长论坛"，围绕"经验交流""专题研讨""学习分享""先锋引领"4个专题，利用晚上时间，每年举办至少4期论坛活动，组织市直机关年轻干部开展座谈交流，激发干部队伍活力。联动党校加强"中青班""年轻处级班""少数民族干部进修班"等长期班次的培训管理，采取全封闭军事化培训，积极推进异地教学，现场案例教学；开展"学员夜论坛""微党课""红歌晚会"等加强学员党性修养与互动交流；联合党校制定了《学员管理规定》《优秀学员干部及优秀学员评选办法》《主体班学员量化考核办法》，从外在监督和内在约束两方面着手，强化对学员的教育管理。

时间砥砺信仰，岁月见证初心。6 年来，古棠村党总支部从软弱涣散农村基层党组织到 2022 年中共广西壮族自治区委员会组织部评星定级为"四星级党组织"，我撰写的古棠村"三个一"巩固拓展脱贫攻坚成果同乡村振兴有效衔接经验做法得到《广西组工》《广西日报》《广西民族报》《南宁日报》及中国乡村振兴网、人民网、《半月谈》、当代广西网、"文明广西"等媒体报道。个人事迹也被新华社、《光明日报》、学习强国、人民网、《乡村干部报》等媒体报道，南宁市直机关优秀典型专题片《奋进新征程建功新时代周理：让大山记录下奋斗的"甜蜜"》在南宁广播电视台南宁新闻综合节目黄金时间播放，武汉大学官微以《周理，武大为你鼓掌》为题进行了宣传。

崔磊担任辩论赛主席

崔 磊 ···

　　1998 年 10 月生，江西赣州人，中共党员。武汉大学新闻与传播学院 2016 级本科生。专注辩论、主持、表达领域工作，作为武大辩论新生代辩手，在国际、国家级辩论赛事中获得八次冠军、两次亚军和两次季军。曾主持湖南卫视《跨年晚会》《你好，星期六》《勇往直前的我们》等节目。主持由中国服贸会、中国互联网大会、央视新闻等组织的各类直播招聘活动近百场，服务百万大学生求职，被《工人日报》《北京日报》、中国新闻网进行专题人物报道。曾两度获评《环球人物》杂志社 "华语辩坛年度最佳辩手"，获评武汉大学 "十大珞珈风云学子"、武汉大学 "十大杰出青年"、珞珈榜样、雷军奖学金、武汉大学杰出辩手等荣誉。曾任湖南卫视新生主持、武汉大学辩论队副队长。现任 BOSS 直聘产品运营经理、北京大学学生辩论协会执行教练。

　　直到今天，我对于自己与武大辩论结缘的经历都记忆犹新。那天暑热未尽，结束了一天的军训后，我回到湖滨宿舍洗了个澡，换了身干净衣服，准备参加院学生会的面试。面试完，看到学院三楼的另一侧也挤满了人，跑过去发现是学院辩论队的面试。那时的我一场辩论赛也没看过，对辩论毫无概念，就抱着"来都来了"的心态走进了面试间。在几年后，当时面试我的学姐才告诉我，我通过面试的一个重要原因是：看得出来换了身新衣服，拾掇过自己，态度不错。

　　在毕业后，当学校邀请我参加一些和学弟学妹的交流活动时，总会为我加上诸如珞珈十大风云学子、十大杰出青年、"雷奖"得主、专业第一保送北大等等标签，也总会问我一些"如何规划大学生涯"之类的问题。可说实话，连接触辩论都是一件如此巧合的事，彼时的我其实也没给自己做过什么清晰的规划。出身于小镇、又踩着分数线入学的我，当时对自己大学生活的所有展望，大概就只是好好地修完学分，然后毕业。根本不会想到会遇到之后的种种、或拥有在外人看到闪闪发光的履历。

　　所以，这是一个关于"逆袭"或"风云"的荡气回肠的故事吗？许多"命运齿轮开始转动"的时刻，在当时看来其实都是波澜不惊。叙事总是会被加上一层滤镜、被抹上宏大的色彩。可当真正回忆起点滴，它又显得普通而平实。我试图抽离出一些令我铭记的、关于武大辩论的瞬间，似乎只在一天一天中，就走了很远很远……

💬 金秋

　　在来到武大之前，我最爱夏天，因为夏天意味着长长的假期，好像过也过不完。到入学武大之后，我便最爱秋天了。因为武大的秋是色彩浓重的，也是青春热烈的。金秋是每个武大人与珞珈山的初识，也是青春在珞珈山绽放的时分。大概每一个在武大感受过金秋的人，再看到"金秋"两个字时，比季节时序更快想到的，都是自己青春的回忆。

　　我和辩论也结识于金秋。对每个院系辩论队而言，最重要的比赛也正是一年一度的金秋辩论赛。大一刚刚进入院队的我，当然还没有资格站上金秋的舞台，也没有资格成为正赛队员的陪练，而只能做"陪练的陪练"。这就是我对武大辩论的第一印象——认真且专注。在新闻与传播学院，逢金秋辩论的那周，教练与正赛队员除了上课，几乎全周都占据着学院三楼报告厅门口的那个教室，查资料、打模辩、再复盘。而唯一出去喘气的机会，大概就是走去其他学院打辩论。跑到校园内的快餐厅，但凡一桌是坐着四个人在讨论，那么十有八九就是辩论队。当然，还得小心翼翼地"提防"隔壁桌有正赛对手会不经意听到讨论。周六晚上的正赛，即便是初赛也总围得水泄不通。而最让人揪心的时间，就是当比赛环节结束、评委老师举牌前的两分钟，全场寂静。

大一那年，我的学长姐们打出的成绩很不错——季军。作为一位新队员来说，队伍进决赛最大的福利就是可以坐在决赛场地的四强预留席位上。而由于辩论在武大太火，其他席位，是要靠抢的。可正因为几乎走到了赛程的最后，你才更能感受到每一轮胜利背后的艰辛，以及辩论作为一项竞技活动的残酷——你的胜利总会代表着其他队伍的失意。

看着学长姐在舞台上领奖时，我不会想到自己的金秋时间会来得那么早。在我刚上大二的那个秋天，我得知自己不仅要上金秋辩论赛，而且一上就要打四辩这样一个承担总结任务的辩位时，我既惊喜又惶恐。竞技比赛的舞台上，没有特权。金秋辩论赛的评委一直都由武大的专家、老师组成。没有人会因为你是征战多年的知名辩手便高看你一眼，自然也不会因为你是年轻的后起之秀便对你宽容有加。在老师的心中，同样有着对"金秋辩论"应有质量与所承载价值的期待。而金秋辩手要做的，绝不仅仅是在场面和技巧上的锤炼，更是对每一道辩题背后意义的挖掘：这个辩题究竟想要讨论什么？你的立场又是在为谁发声？大概也正因此，辩论成为武大自由、思辨文化的代表。而对于武大辩手而言，金秋是一种信仰。直到大四还在打的辩手也不计其数，可真正能抵达顶峰的人少之又少。因此灿烂与落寞，都是金秋的常态与底色。于是我大二便真正开始的金秋之旅，也以一胜、一负，一次灿烂、一次落寞的方式，停止在第二轮。

输的那场比赛，是在教三001进行的。那个教室很大，可当最终比分落在1∶2，一票之差败北时，教室又好像很小，小到我可以清晰地听到她小声的抽泣声——这是大四的她最后一场金秋。我在她面前的草稿纸上写了一句"It's OK"，但真的OK吗？赢有很多价值，最简单的价值就是为了有下一场可以继续打。对于大二的我而言，即便是以"年"为周期，那依然会在下一年橙黄橘绿时追逐那个金秋的梦。但对于她而言，却是抵达了终点。那一年的金秋决赛后，哲学学院的苏德超老师发了条微博，说："也许这才是金秋：一些人看到果实累累，一些人看到落叶飘零。但至少我们都努力过，灿烂过！"

对于武大辩手而言，"辩手"不是在场上比赛时才会有的标签，而是一旦拥有便会一直传承的头衔。学姐读研了，虽然失去了金秋的上场资格，但在我第三年的金秋，作为带队教练出现在学院那间熟悉的教室里。到这里，我知道金秋对武大人而言是种执念，也是一种传承的责任。它就像是每年都会被触发一次的开关，大家各自出力。碰上院系辩论队进了金秋决赛，那已毕业的师兄师姐也会从天南海北地跑回来，即便他们其实已经并不认识场上坐着的学弟妹。

大三时我的第二年金秋，回来第一场就打了前一年的黑马冠军队，赢了；半决赛中，又以5∶0的比分挺进决赛。这一年的金秋看起来顺风顺水，但决赛终于迎战这一年金秋黑马院系。当得知决赛对手时，我就已经有些怯敌了。有时候太想赢、包袱太重，反而最容易导致输。于是，因为太依赖于准备、太执着于推进，最终的决赛，2∶5输了。这一年的决赛是在工学部体育馆进行的，而我的教练陈铭老师也坐在场下。那时已经深秋初冬，穿着正装坐在没有空调的体育馆里，非常冷。在场上比赛时，因为紧张与激动会让你暂时忘掉寒冷。但当胜负牌举起、听到整个体育馆爆发出献给对方的欢呼声时，这种冷又再一次袭来。在评委点评后、颁奖仪式前，我的队友哭成泪人，我的情绪也翻江倒海。辩论哪有常胜可言呢？我总是在反思"如果我说了这句话，结果会不会不一样"。每一点经验的获取，都往往以一场惨痛的失败为代价。痛快地欢呼，淋漓地哭泣，这都是青春与金秋的底色。

所以，当我大四再次回到金秋辩论赛的赛场时，内心多了一丝坦然。就好像你明知乘坐的列车即将抵达终点，因此任何结果似乎也都更能够接受。即便备赛依旧是煎熬的，一次次地推倒重来又不知见证了多少个江城天际的鱼肚白，但当对结果的恐惧逐渐减轻时，剩下的反而是某种对意义的纯粹追寻——我这么说，是因为我想说。半决赛的辩题是"当今中国，更需要民族自豪感 / 危机感"。我说：我们缺乏危机感吗？寒气来临时，每个人都会感到危机。然而愿意在长夜中踽踽独行、手持炬火的人，是因为他们心中的自豪，使他们不屈于黑暗、信仰于光明。决赛辩题是"网络围观对于解决社会问题弊大于利"，我说：不要围观，但要思考、要行动。思考才是力量，行动改变中国。

事实上，半决赛、决赛这两道题，我全输了。我的最后一个金秋，以两场连败的殿军收尾，但我却收获了某种"无愧于心"的平静。三年金秋辩论赛的四辩，我身边的队友从学姐变成了同级，又从同级变成了学弟。专注、认真、努力固然是金秋的品质，可也只是最容易被感受到的浅表。为什么武大辩手对金秋如此着迷呢？因为它还是一代代的传承追梦，是象牙塔里的思考争辩，是外人并不理解，或许多年之后自己都不会理解的狂热。

痛快地笑，痛快地哭，痛痛快快地"刷夜"，痛痛快快地去聊那些与辩题有关或是无关的东西。因为对金秋最好的情感，不是满足，而是眷恋。是风风火火，是放浪形骸，我们倾注的所有便不会被辜负。这就是金秋——武大的金秋为什么这么美，因为我们热爱过。

华夏

校辩论队的办公室在樱花城堡，雄踞樱顶、眺望珞珈山。对我来说，如果院辩论队是一个可以肆意挥洒、书写青春的地方，那么校辩论队则更多的是在背负"皇皇武大，雄辩天下"的荣光与压力前行。

在所有的学生组织中，校辩论队的"报录比"大概是最低的之一。大一能进的实属天才型辩手，如果大三才入队那服役期又其实并不长了，所以到最后只剩下大二算是"天时地利人和"。在 2017 年的冬天，我登上樱顶，有幸成为一名校辩论队队员。

成为校队队员不是辩论的成就或终点，它意味着更多的训练赛与更长时间的蛰伏。入队半年后，我才有资格出现在另一所武汉院校的校际表演赛上，以"武汉大学四辩"进行自我介绍。快一年后的国庆节，我获得了第一次征战外赛的机会，前往西安参与丝绸之路电影节的电影主题辩论赛。

比赛在国庆假期，所以从九月开学到中秋、再到国庆节时出发打正赛，基本每天的中午和夜晚都在樱顶度过。那时一到节假日，樱顶会有很多游客，而游客又总是喜欢往辩论队的会议室里探头。于是好几次，我们在会议室里打模辩，我在里边慷慨陈词滔滔不绝。外边的游客则探头探脑饶有兴致地听完了我的整个结辩，还在听完后送给了我一阵掌声，这些善意的片段与窗外武汉初秋的阳光一样温柔。第一次打外赛，虽未折桂，但却也抱回了一座亚军奖杯和全程最佳辩手的荣耀。而因为这场比赛是由电影节主办，在决赛后甚至走上了一回电影节的红毯，这也是辩论赋予我的"奇妙"经历。

虽然一直在打比赛，成绩也似乎不错，可其实到大四，我都没有在任何一个重要赛事中夺冠过，总是在那"临门一脚"中差一点点。故事的转机发生于2019年的国庆，大四的我和队友远渡重洋，去大洋洲参加由当地的华人留学生主办的"华夏杯"国际华语辩论锦标赛。由于赛事的历史较为悠久、参赛高校数量众多，因此它也被认为是辩论界的"国际 A 类赛事"。在辩论赛的备赛中，绝大多数主办方会一次性把辩题全部公布，以供参赛选手准备。由于时间和精力有限，大多数学校的辩论队只会准备初赛到复赛的辩题，如果出线再筹备后续的题目。但在武大辩论队，每一次比赛大多是从决赛开始倒序准备，把所有可能遇到的辩题全部准备一番。从这个角度说，武大的每一次比赛，可以说几乎都是奔着冠军去的。这一年的华夏杯，我们一路过关斩将，五场鏖战夺冠了，这也是我第一次在重要比赛中夺冠。但这场比赛给我的感动，远远不止于夺冠本身这么简单。

这一年的"华夏杯"，恰逢国庆七十周年。原本以为出国后，国庆的氛围并不会那么浓烈，然而事实出乎我们意料。正是因为在异国他乡，所以当地的华人留学生以及像我们一般短时外出而无法在国内庆祝祖国生日的学生，才更加激动。悉尼当地时间比北京时间要快两个小时，所以国庆当天我们正准备下楼吃午饭时，看到酒店大厅中负责接待的志愿者们围坐在一起。桌上摆了不少设备——电脑、平板、手机……但都在播放同一个画面——阅兵。我们走到附近的一个快餐厅，也一直支起手机开始看国庆的群众游行，并兴奋地辨认起各个省份的花车。晚上回到房间，我们拿出白天在商场买的红丝绒蛋糕，又用奶油点了五颗星星，颇有仪式感地在房间里唱起了《今天是你的生日，我的祖国》，甚至在当地的电影院看了和国内同步上映的《我和我的祖国》。

"华夏杯"的决赛设在悉尼国际会议中心，那天的会场里座无虚席，有不少就是已经旅居或定居在当地的华人华侨。看到我们是武汉大学的队伍，一位女士特地走过来和我们说，她当年还是学生的时候就会看武大在国际大专辩论赛中的比赛。"全国唯一一支两次夺得华语辩论赛最高荣誉——全国大专辩论赛冠军"，正是武大辩论至今最引以为傲的荣誉。那位女士说，"当时就觉得武大特别厉害，这么多年过去了，武大还是那么厉害"！于她，以及当天所有远道而来的观众，"武大辩论"是他们心目中的一个符号与标识，而"华语辩论"又何尝不是一种乡音？这一场举办地离中国最远，有包括中国、澳大利亚、英国、新加坡、马来西亚的 24 支华语辩论队伍参加的比赛，却取名"华夏"，恰似武大辩论的使命，就是将武大青年思考的声音、传承的声音，传播出华夏，亦传抵天下。

在武大辩论队的三年里，我经历了接待时任英国首相特蕾莎梅访华、校辩论队队庆 20 周年，担任了副队长的职务，辗转于西安、珠海、上海、徐州、悉尼等地，获得了"两冠""两亚""两季"以及两次全程最佳辩手。也数不清和队友们在樱顶送别了多少黄昏晚霞，迎来多少星光。每次登上老斋舍的 108 级阶梯都会累得气喘吁吁，于是"给樱顶修电梯"也成为队员们一种默契的戏谑和调侃。在这样一栋历史建筑里，我们只能留下脚印与声音，带走故事与回忆。从仰望到并肩，再到成为故事中的人。"皇皇武大，雄辩天下"，不再只是一句嘹亮的口号，而成为责任与羁绊。

陪伴

当我还在筹谋与规划在武大的最后半年，可以再去往何地、为辩途画上句号时，珞珈山的樱花迎来了她最寂静的一个春天。2020 年年初，突如其来的新冠疫情打乱了所有的规划与节奏。辩论队的队内培训转为线上，一些辩论赛事也在云端开赛。

困难当前，我们能做什么？学校号召我们，以力所能及的方式参与到抗击疫情的斗争中来。我看到身边同学报名为医护人员子女做线上的公益课业辅导，想到武大辩论作为一支广受中学生辩论爱好者关注与喜爱的队伍，我们也可以将陪伴化作力量。于是，我与教练、其他几位队长组成员筹划，发出了《武汉大学辩论队致中学辩手的一封信》，发起武大辩论"战疫行动"。短短两天，吸引了1300多位热爱武大、热爱辩论的中学辩手。在40天的时间里，一共邀请了15位武汉大学的知名辩手在线上直播分享自己的学习经验、辩论历程，30名现役队员轮流值班、为中学生答疑解惑，群中还每天定时分享"你好对方辩友"和"晚安武汉大学"，带领中学生们了解辩论、走近武大。在这特殊的一年高考之前，天南海北的武大辩手共同录制了祝福视频，作为志愿行动的收尾。

志愿行动收尾了，但故事仍在继续。2023年，"武大辩论战疫行动"的群中有几位同学报喜自己已考入武汉大学，成为"百卅武大"的新一代。三年前也许才考入高中的他们，因为这样偶然的机会与武大辩论相识相伴。三年后，发起活动的我早已从武大毕业，甚至已经从北大硕士毕业、步入工作阶段。但我依然为此感到动容，因为这就是陪伴的力量——成长或许时间漫长，但终究能等来如愿以偿。

这样的缘分与羁绊，也一直陪伴着我。有些陪伴是有形的，比如2020年年底的金秋辩论赛决赛，我受邀回到母校，在卓尔体育馆中与其他七位2020届毕业生们共同打了一场表演赛，补上了弥足珍贵的"毕业礼"；2021年的秋天，我又回到武大担任校队招新换届的评委；2023年，代表武大辩论队与我的教练、队友共同参加了华语辩坛老友赛。每一次与武大辩论的再次相遇，都让我似乎时空穿梭回了珞珈山下的青葱岁月，是忙碌工作中的一次深呼吸。看着意气风发的新队员，又心生由衷的羡慕与感慨。一个人无法永远鲜活地青春着，这是一种遗憾。但永远有人在武大辩论中热烈地青春着，这是一种感动。

还有一些陪伴是无形的，因为武大辩论的点点滴滴已经镌刻进我的基因中。陪伴似乎从未因毕业而走远，反而由于去向更大的世界，相遇更让人感到欣喜。

武大辩论带给我的这份自豪，让人不自觉地总是精益求精、担起责任。在保研北大的复试中，在湖南卫视主持节目的舞台上，这份底气也总在给我去尝试、去打拼、去选择的力量与勇气。

到今天，担任互联网人力资源企业产品运营，负责大学生活动和直播业务的我，依然在自己的工作岗位上做着"陪伴"这件事，陪伴更多大学生走好由象牙塔中的毕业生到大社会里的职场人的身份转变。2023年春，我在公司主办了全国大学生求职辩论赛，让辩论与求职结合，倾听年轻人的职业选择、生涯规划、求职心态，武大亦是参赛队伍之一。

武大辩论还会时不时敲打着你，要做一个保持思考的人。在疲倦的工作之后，偶尔点开公众号，发现武大学习又推送了某周金秋的辩题，就会想到那些秋夜，在武大的聊人生、聊哲学、聊时事。就会想起人生除了眼前的问题，思索那些文明、历史、万物宏大的意义，并不是一件会被嘲笑的事。所以虽然累，却从不疲惫，这也许是武大人骨子里的浪漫主义。

毕业那年，十大珞珈风云学子评选会给我的颁奖词是"焚尽胆怯，烧却犹疑。天高海阔，所向披靡。磊磊光明，前途可期"。这当然是一种过誉，而我则更愿将它看作是祝福、是鞭策、是期许与力量。世界上有两件事总是给人力量：无尽的远方、坚实的依靠。曾经，武大于我是无尽的远方。后来，武大带着我奔向无尽的远方。而如今，武大是我最坚实的依靠。

2023年6月，我回到武大与同学补上了迟到三年的毕业典礼。也再一次登上樱顶，收到了辩论队学弟学妹们送来的鲜花。由于工作的关系，我在武汉停留的时间不到24小时，就又要继续自己的工作。如今，又一个秋天来临了，东湖宁静，橙黄瓦绿。每当此时，我又会想念起亲爱的师长，是并肩的战友，想起走出新闻学院时看到樱花大道尽头那一盏暖黄色路灯，以及湖滨食堂清晨热气腾腾的一碗热干面。即便每次"回珈"都只能步履匆匆，可这大概也正是母校的含义：回忆温暖，可前路漫长。风云聚散，依旧有许多美好去追。

在珞珈山 打开观念边界和人生可能

安澜在老斋舍前

安　澜 ·······························

　　2001 年 7 月生，江苏镇江人，中共党员。武汉大学弘毅学堂 2019
级 PPE 专业本科生。曾获国家奖学金、刘道玉创造学习奖学金、镭目田
陆奖学金、全国发展经济学论文大赛二等奖、优秀毕业生等荣誉；曾任
助理班主任、弘毅学堂 2023 届毕业委员会主任、国家级大学生创新创
业项目主持人、武汉大学第一届全球治理与国际组织试验班团支书等；
曾作为优秀学术代表参与北京大学新时代中国青年经济论坛等。

缘起武大

我最初填报武汉大学的想法来源于对武汉大学新闻系的向往。可以说,我在武大的起点,以及在珞珈山下四年的轨迹,有一大半和"我想做记者"这个想法相关。我从小就对记者这个职业非常崇敬,也因此在填写高考志愿时,所报考学校的第一志愿,我大多填写了新闻专业,武大新闻系更是被写在志愿表格页面的第一行。但由于高考失利,我与向往已久的新闻专业失之交臂,最终仅以高于录取线 1 分的成绩进入武汉大学工商管理专业。

谈起我的记者梦,其实这与"铁肩担道义"的新闻理想相差甚远,而是来源于童年时非常稚嫩的想法。孩童时期,我常和外公外婆待在一起,外公很喜欢看新闻,受他影响,我想着,如果以后能当上记者的话,外公也能在电视机上常常看见我了。伴随着这个天真的想法,我慢慢也开始接触新闻、了解新闻,兴趣愈发浓厚。对我来说,每一个人都像是一本书,作为记者,阅读他人,体验不同的人生,也是增加自己生命的厚度。从初中开始,6 年时间,我都坚定地想成为一名记者。

因此,当看见录取通知书上陌生的专业,我心中满是迷茫,即将进入武大求学的欣喜与无法就读新闻专业的遗憾交织在一起,如同低沉的乌云,在心中久久难散。我当时很难接受要学习这样一个和新闻差异如此之大的专业。

但转机也在不经意间出现。军训期间,我在官网上偶然看到弘毅学堂 PPE(政治学、经济学与哲学)专业的第一届招生信息,当时的我对 PPE 一无所知,仅仅是通过网络了解到 PPE 专业可以做记者,加上未录取到新闻专业的不甘,便稀里糊涂地报了名。也正是这一次勇敢的尝试,让我未来的大学学习发生了改变。通过考核后,我正式成为弘毅学堂 PPE 专业第一届本科生,踏上了一条崭新而又充满未知的求学道路。转入 PPE 后,我从未后悔过这个决定,即便我最后没有学习新闻专业并成为一名记者。

回溯当初的经历，我感到十分幸运。我踩着武大的录取线进来，竟有幸能进入弘毅学堂学习。阴差阳错，我来到弘毅学堂；又因为PPE，我与童年的梦想并未走远。

⬛ 经济学的"变心"

然而，未来从事新闻行业的这一想法持续了两年之久，最后却被经济学悄然取代。这一转变背后，我也经历了长时间的考虑与纠结。

初入弘毅学堂，博雅教育的理念和跨学科试验班的形式让我有机会接触到横跨人文、社科甚至是理工科的思维方式。本科前两年，我是一个在学习上十分"花心"的人。弘毅学堂给了我很多"花心"的机会，让我得以学习不同学院开设的课程，在不同学科的思维碰撞中寻找灵感火花。而PPE专业就像弘毅学堂的缩影，政治学、经济学和哲学三个学科的交融给我带来很纯粹的快乐。

专业的学习不断挑战我原有的观念边界。当我在听到一个好的观点，或是弄清一个理论时，顿然开悟的感觉，与物质层面带来的快乐截然不同，让我着迷。每当观念边界被打开一个小角，都有一种开阔的舒适，犹如在高原仰望星空，河汉无声，豁然开朗。

升入高年级，我面临着最终的专业选择，也慢慢发现自己与经济学的契合。首先是兴趣，我的大脑似乎会帮我判断自己究竟喜欢什么。说起当时的想法，可以把这种本能形容为"自然选择"，我有时读书，读其他部分总犯困，一读到经济学部分就醒神了，满脑子都在为作者的观点呐喊。这种奇妙的体验让我愈发确定自己对经济学的喜爱。

其次是擅长，擅长和喜欢常常相关，擅长会带来更多正反馈，所以愈发喜欢，经济学便如此。许多学科在逐渐深入中变得困难，开始脱离"热恋期"，但经济学是特别的一位，它是唯一一门度过"热恋期"之后仍然会觉得学得很快乐的学科。对我来说，学习经济学虽然很困难，但充满趣味。经济学有一套自己的理论框架和世界观，而且常常能让你感受到它对社会现象的解释力，这一点十分吸引我。

在确定经济学为大致方向后，我依旧难以割舍政治学和哲学，而是将两者作为兴趣存在。弘毅学堂是博雅的学院，理工专业的同学会接触到人文社科专业，文科的同学也会接触到理科。学习经济学时，政治学和哲学就像柔化剂，把经济学的尖锐抚平。

相比于高度重视模型与数字的西方经济学，政治经济学更关注现实中政府与市场的合作与互动。因此，我最终选择了更具跨学科色彩的政治经济学作为研究生阶段的研究方向。

政治学让经济学更广阔，哲学则让我自身更广阔。我觉得自己很难成为一名哲学研究者，但依旧可以把哲学当成一种人生智慧。碍于学业压力，在完成哲学的必修课后，我很少有机会深入研究哲学，但在弘毅学堂开放的氛围中，我选择了哲学方向葛四友老师的弘毅研讨课。葛老师常组织大家探讨一些极具开放性的问题。有时在办公室里，有时在午餐会上，有时甚至在天气晴和的教五草坪前，我很喜欢这样轻松愉快的哲学探讨。聊天后总会很开阔，世界这么大，原来我有很多种可能。

 人迹更少的一条路

在保研申报中，我是专业内唯一选择直博的。相比于攻读硕士，直接攻读博士是一个更冒险的决定。很多人不愿意读博，一方面是读博本身毕业难度大，另一方面是拿到博士学位后，在行业的工资也不一定比硕士高。加之，经济学业界对年龄的普遍观念，读博并不是大多数人的第一选择。

我当时也受困于这样的纠结，不断对比不同道路的成本与收益。葛老师点出了我纠结的关键，再次开导了我。他和我说："读博重要的是过程，而不是毕业之后的节点，太在意选择道路后的终点是什么，反而忽略过程中的风景。"在不断地思考和交流后，我攻读经济学博士的选择愈发清晰。我希望能够去一个更高的平台，发现更多的选项，去探索不一样的可能性，最后做出真正适合自己的职业选择。

这样的选择背后，也还有许多基于个人特性的坚韧的理由。对我来说，读博是一个陌生而突然的决定，大三以前我都未曾考虑过我会攻读博士。但在保研项目申报时，当我开始回望过往的学术经历，我发现自己确实更喜欢研究型的工作，在实习过程中，我也发现自己对业界的一些工作也兴趣不大。为什么大家都走的路就一定是好的呢？至少，我可以走一条不一样的路。就像弗罗斯特曾在《未选择的路》写到的，"一片树林里分出两条路，而我走了人迹更少的一条"。

除此之外，能够真切考虑社会问题，在思想和脚步上直达社会问题现场，也是我选择经济学学术项目的另一原因。大一时，因为朋友的邀请，我报名了四川凉山的支教。那是一次不算成功的短期支教。突如其来的大雨漫过水库的警戒线，凌晨三点钟，大家跑到镇子最高的地方避难，孩子们一个个被送回家，营地被迫提前解散，准备的晚会与山路一起被大水冲垮。一场水，有些孩子的家被冲没了，让人十分揪心。离开后，志愿者们一起旅游玩耍，但我心里一直很难受，开心不起来。大水来了，我们可以走，他们呢？我感到无能为力，不知如何。

后来，我与导师谈到这件事，导师告诉我，要是真的想改变点什么，不用过于纠结这段经历，而是想想自己真的能为乡村做点什么。这让我对未来有了更具体的构想，经济学或许能够赋予我这样的力量，如果我能够做一些政策研究，或者类似的能够改变社会的工作，也是一件很有价值的事情。也正是有这些经历，我慢慢确定了自己对经济学的兴趣，也逐渐明确了未来的深造方向。

 ## 回响在暴风雨后

在确定方向后，我开始着手准备研究生申请。保研期间，我属于闷头苦干的类型。大部分经济学博士项目需要进行笔试和面试考核，笔试难度大，覆盖大学期间所有核心数学课和经济学课，各个夏令营考察的重点也不同，这给我带来了很大的复习压力。

起初十分顺利，我成功进入多所高校的夏令营。在参加第一场复旦大学夏令营时，就顺利拿到了优秀营员的资格。但是，迎接我的却是接连不断的失败。接下来的五六场夏令营，我陷入了复习、笔试、面试和落榜的无限循环。我好像正在经历一个漫长的平台期，一个望不到尽头的期末月，中途的夏令营全部宣告失败。

保研历程从 5 月底持续到了 7 月 10 日，最后一场是北京大学经济学院的夏令营。在此之前，我已经连续收到好几个项目未通过的拒信。北大经济学院考核前一晚，天气很闷，又恰逢暴雨倾盆，我心里分外沉重，将近两个月，好像做的一切都白费了。学习状态极差的我忍不住找父母和朋友哭诉，在朋友的开导下，我心里平静了很多。申请以来，我一直执着于找到最好的路，用考核成绩衡量自己的实力，把外界的评判看得太重；或许那些拒信是将我慢慢推向一条自己真正适合我的路，我的努力事实上不是帮我获得短期的成功，而是发现自己的适合与擅长。所以，我应该轻轻松松地去应对这一场考核，而不是被各种名号框限。谁都领略过雨后晴空的惬意，那为什么不去放松享受这难得的暴风雨呢？

第二天的笔试和随之而来的面试在恍惚中闪过，我抱着平静的心态完成了最后一场考核。无心插柳，或是峰回路转，一周后，我在睡梦中突然接到录取的电话。梦中的恍惚和现实的惊喜接轨，似乎都在呼应着哲学导师当初说的话，"不要太在意道路的终点是什么，过程中的风景更重要"。日与夜的疲惫、暴风雨和湿闷的天、父母与师友的鼓励安慰，一切都有回响。

树立exception而非norms

"我要怎样规划我的大学生活？我要成为什么样的人？"这是我在担任新生助理班主任的时候，许多学弟学妹会问到的问题。相比于参考已经踏出的路径，一步步按照规划，前往似乎确定的终点，我更愿意在无数偶然机遇的"裹挟"中去探索，慢慢找到适合自己的路。比起成为 norms，不如成为 exception。也正是因为有这样的想法，我不再刻意限制自己一定要抵达何处，也开拓了很多新天地。

从大学规划的角度来看，我是一个很"失败"的本科生。大一那个一心想做记者的我，一定不会想到现在踏上了一条不一样的路。事实上，与自己最初规划偏离的烦恼时常困扰着我，我也从未完全放下做一位记者的想法。这样一条道路究竟是不是对的选择呢？攻读经济学博士，似乎是与新闻行业彻底地告别。

与其陷入迷茫与遗憾，不如行动起来放手一试。2022年，保研后的冬天，我独自一人去了北京的经济新闻媒体实习。我当时想到，我可能以后大概率要从事经济相关的工作了，但经济新闻是我一直很想尝试的方向，我做了一个不太聪明、但我绝不会后悔的决定。

这次头脑一热，初衷是想和我的记者梦好好道别，放下学生时代的执念；更重要的是，我可以大胆地确认，相较于新闻，自己更喜欢也更擅长经济研究工作。记者梦伴随我走了很久，像是生命里的一圈圈伏笔；它陪伴着我的中学与大学，是我前进的重要动力，将我引上武汉大学弘毅学堂和PPE专业的求学之路，尽管最后没能坚持踏入新闻行业，但它帮我找到了我自己。

本科的最后一个学期，临近毕业，我又选择去香港大学进行学期交换。在身边的人看来，这一次脑袋一热是难以置信的。在看到香港大学交换项目信息之前，我并未刻意做过什么准备。之所以最终下定决心，只是因为想看看外面的世界。到香港大学之前，我给自己定了两个小目标：一是多和外国人交流，把英语练好；二是改掉自己的"完美主义"，不受成绩的束缚，去选择自己感兴趣的课程。到香港大学之后，我觉得我的决定很对，不仅仅收获了自己所期待的，更有了许多意外之喜：来自全球各地的朋友，全新的教学模式，甚至还尝试了攀岩和冲浪，这些都是这趟旅途给我带来的收获。在香港大学，身边的人在不同的轨迹上行走，有着不同的生活方式和观念。我开始觉得，选择固然重要，但如何走好自己选择的路更为重要。

每一次的"头脑一热"，都仿佛是漫长生命中一颗彗星乍起，让我看到生命的另一种可能。我也下定决心，要努力把自己活成一本书，而不是一份简历或是一张成绩单。

最后，我想以维特斯根坦的故事来作为结尾。维特斯根坦在去世前留下遗言，"告诉他们，我的一生很幸福"。或许用世俗的标准评价，他过得并不幸福。为什么他会这么说呢？因为他与自己和解了。如果要让我在大学四年的最后时光说什么，我也会自信地说，"我的大学生活很幸福"，这就是我在珞珈山下的四年里最大的收获与成就。

珈和科技
赋能传统产业转型

冷伟（左一）向时任刘延东副总理介绍珈和团队

冷　伟 ┈┈┈┈┈┈┈┈┈┈┈┈┈┈┈┈┈┈┈┈┈┈┈┈┈┈┈┈┈

　　武汉珈和科技有限公司创始人及 CEO。武汉大学遥感信息工程学院 2007 级本科生，武汉大学测绘遥感信息工程国家重点实验室 2011 级硕士研究生。曾入选武汉市 2015 年度"大学生创业先锋"、武汉市东湖高新区第九批"3551 光谷人才计划"、福布斯中国"30 位 30 岁以下精英"榜单、《2018 胡润 30×30 创业领袖》榜单、清华大学五道口金融学院"全球创业领袖"计划；荣获首届中国"互联网 +"大学生创新创业大赛总决赛金奖、2016 年"创青春"中航工业全国大学生创业大赛创业实践挑战赛总决赛金奖。

自 2013 年创立珈和科技，至今正好十年。十年时间，珈和追随武大前辈风采，从一家学生自主创业的小公司成长为国家认定的高新技术企业。不少人称赞我为创业代表、优秀校友，我总会自惭形秽。母校有太多杰出榜样激励着我前行，这一路取得的微小成果更离不开母校师生的鼎力支持。值此武汉大学 130 周年校庆之际，以此篇祝贺百卌珞珈风华正茂。也希望用自己十年来的收获感悟，为同样怀揣创业梦想的学弟妹提供一些参考。

青春不设限，科研人不只有书卷气

"珈和科技"并非我第一次商业尝试。

2008 年读大二的时候，我曾与一位师兄在宿舍楼里卖过包子。我俩凑了四五百块钱，每天下午从学校后门进货，然后在晚上 9 点下课到 11 点半熄灯的空档，从宿舍 1 楼到 7 楼上门兜售包子。那时学校的小卖部只有一些泡面、牛肉干、糖之类的压缩袋装食品，我们的包子总是供不应求，每晚能有四五十块的净利润。零几年的四五十块，算是一笔颇丰的零花钱。

不过这段创业史只有两周便夭折了。不是因为什么外界阻力，而是我们自己发现这样卖没有前途。现在回想当年大二的自己还是很警觉的，是否有前景，对于一项事业非常重要。可以说从 2011 年有科研成果转化用于服务社会的想法，到 2013 年正式创立珈和科技，我和师兄们大部分时间都在调研试错，决定"千里眼"究竟该望向哪里。

我们曾将方向选定在滑雪场，希望帮助全国室外滑雪场开展实地逐图斑调查与核实确认。后来又将方向锚定在林业，想通过遥感影像监测森林中的火灾火情与病虫害。我们甚至还想过做产品期货，因为期货公司会去买基本面的数据，算是决策层面必须的一环……这些方向经过两三个月的调研，总会发现不同的原因没办法继续，一个一个都被我们排除了。

希望一次次破灭的确备感曲折。意象化地形容当时的情形，就像寒冷冬日里的一根小火柴，划开的一瞬间还是很有生命力的，可你还来不及欢喜，火苗扑闪几下就又灭了。

最终我们选定了农业领域。

一是从服务社会的初衷出发，山川雨露滋养了我们一片片的农田，但曾经地里的农作物长得好不好只有种地的人知道。遥感技术能切实解决该行业"在哪种、种什么、种多少"的难题。二是以发展的眼光来看，智慧农业与智慧生产的实际应用比例仍然很低，属于巨大的行业空缺，我们相信农情遥感必将是未来国家发展创新型科技型农业中不可或缺的因素，我们希望用天上的眼睛帮助农业生产更科学、更合理。

当时临近硕士毕业，我也站在人生的抉择路口。不少世界 500 强企业给我抛来橄榄枝，开出 40 万元的年薪。一边是稳定的工作，另一边是从未有过的冒险，自己也有过担忧和犹豫。

一次偶然的机会向龚健雅院士请教，他听完我的陈述，还蛮赞成我闯一闯。龚院士说："创业是件好事，国家政策也支持，但不代表是一件容易的事。决定要做了，就必须要坚持。"

自此，我的遥感"千里眼"定了向，实实在在应用到了农业之中。我也从曾经测绘与遥感国家重点实验室的科研之路，走上了"农情遥感"创业之路。

关山万千重，唯其艰难方显勇毅

创业前几年，我常常惴惴不安。

那时的珈和一共只有十几个人，都是武大遥感院的师兄弟。我们虽然拥有技术，但在商业、财务、销售、宣传、人事等各个模块都没有经验。大家只能摸着石头过河，不断学习、不断适应。我们做成的第一单业务是帮湖北省宜昌市农业局搭建起了农情遥感服务平台，通过卫星遥感影像，开展农作物面积、产量等各方面的监测，为其提供指定区域的数据。

那个时候找客户都是用笨办法。先拨打 114 查号，查找各地农业主管部门的对外电话，再一个一个打电话推广公司的产品。大部分区域的农业局我们都打电话扫过一遍，问他们有没有意愿了解遥感在农业上的应用，对我们的数据监测感不感兴趣。那时公司没什么知名度，很多单位也不了解遥感，一听就挂掉了，一天下来几十个电话毫无所获都是常态。

如果有单位表达了兴趣或合作意愿，我们就登门拜访提供服务给他们试用，并向他们讲解我们的平台怎么和他们的业务相结合，我们可以在哪些方面与他们合作。达成基本协议后，再针对他们的需求进行算法的开发与核实。

现在回想起来，第一单并没有多少报酬。每个月的公司成本比收入要多得多。但我们仍然很高兴，这标志着"珈和科技"变为一个商业化的机构，我们能逐渐看得见收入了，有所进账了。

在公司发展的过程中，我们也交了不少"学费"。客户半途跑路，前期工作打水漂是常态。比如我们开始拓展海外业务时，有一位摩纳哥的客户表示了极大兴趣。他们当地有许多种植户需要精准化了解作物情况，现在无人机成本太高，希望能借助遥感技术监测。因为前期承诺得很好，并且他们当地的确缺乏这种技术，于是我们投入了不少精力，多次根据他们的需求有针对性地调整平台。然而在试用两个月到最后一步签协议时，就再也联系不上人了。

农业和别的产业还不一样，它具有周期性，试用监测数据没办法一蹴而就。站在对方的角度，就是对你的产品不感兴趣了，就如同商场不能要求你试穿了就付费一样，双向选择不成功，不代表自己的产品有问题，经历多了，心态就会很平和。慢慢我们有经验了，就安排了专门的销售，负责去一点点地筛选，判断与我们联系的客户到底有没有足够的场景应用我们的服务？若应用我们的服务有多大概率会付费？客户的付费标准能对应我们的什么产品？有了这一环，就能一定程度提升我们合作成功的概率。

在创业第七年的时候，我参加了CCTV《创业英雄汇》节目。那时的珈和科技已经有不错的成绩，全国首创针对水稻生长的测算指标，成功建立了全国范围米级的遥感数据库，实现了年收入2500万元。但仍在现场受到了投资人的质疑，有一位老师非常直接地表示，我们的发展方向不清晰，对我们面向消费者的业务线不理解，创始人的表现不够杀伐决断。

所以有时学弟学妹来向我咨询创业有关的问题，我会举类似的例子，希望他们理解，创业不单单是对专业能力的考察，更是对一个人心态的考验。刚刚毕业，哪怕专业技能都具备，但对于整个社会的工作体系和公司的运行机制都是完全不熟悉的，自己有足够坚定的信念面对客户对产品的质疑吗？有合适的创业机会与合作伙伴了吗？受挫、打压、焦虑会影响你的进程吗？遇到瓶颈、拉不到投资也愿意咬咬牙挺过去吗？

当然，这个过程你也会收获许多，不仅仅是成就荣誉，更是一种面对质疑的底气。例如同样在《创业英雄汇》这档节目上，也有好几位老师对我们表示了极大认可。他们欣赏我们通过数据与遥感，在农业服务上做深耕的前景，充分认同我们作为创业者的素质与商业逻辑，评价团队的战略清晰、战术有序。

我们也曾经受到刘延东副总理的接见。那时毕业还不满五年，珈和科技代表武汉大学在首届中国"互联网+"大学生创新创业大赛与 2016 年"创青春"全国大学生创业大赛中均获得国家级金奖。赛后接见获奖学生时，刘延东副总理对我们有着高度评价，并高兴地表示，大学生具有创业意识、创新精神和创造能力，令人欣慰。她希望我们能主动担负时代重任，积极为国家发展作贡献。这些真诚的寄语让我们在暗淡时刻重新鼓劲。

所以行笔至此，我也希望学弟学妹们不要"神化"创业。创业只是个人能力提升的方式，而不应是一个目的与结果。无论身处哪个行业，希望武大学子都能结合国家战略需求，怀揣造福社会的初衷，保持不断学习、不断探索的能力，将"自强弘毅，求是拓新"的珞珈山精神赓续到祖国的各个角落。

 ## 时节如流，总觉来日方长

2023 年 4 月，我和本科室友们回武大转了转。

我们 2006 年入学那会儿武大宿舍还没有安装空调。临近放假的 7 月，"火炉"城市烧得正旺，晚上实在热得受不了，大家就裹着被褥，集体跑到宿舍楼顶天台上睡觉。那时也没有能容纳 8000 人的卓尔体育馆。同学们总互相调侃，武大只有一个"文物版"宋卿体育馆。校门广场和大循环校车也都是在 2013 年研究生毕业时才完工启用，终于打破一个学校两个学部就都算"谈异地恋"的窘迫。

几个本科室友沿路逛着，细细捕捉这十几年来武大发生的变化。校门和宿舍楼都要刷脸进闸了，食堂居然都有烧烤、甜点了，夜晚的马路都是亮堂通明的了。

可走着走着，又觉得有许多没变的地方。梅园操场仍在放映着免费电影，广场和教学楼底下仍贴着最近的讲座预报，跨学院、跨学科人才培养的模式仍在蓬勃发展。

10多年前的武大就流传着"没有听过四大名嘴的课，等于没来过武汉大学"的名言。我上过其中哲学学院赵林老师的"西方哲学史"。每堂课300多人的教室都一座难求，过道上讲台下都是慕名而来的同学。从古希腊、古罗马文化的前世今生再到现代哲学，赵林老师的每次讲授都是一场精彩的心灵之旅。我还上过艺术学院江柏安老师的"古典音乐大师"。江老师是一位看造型就很潇洒爽朗的老师，那个时候大家都听流行音乐，虽和课程关联度不大，他也会与我们相谈甚欢。并且他的课堂从不存在强制"推销"，而是让我们在天鹅湖、在卡门、在贝多芬的一次次熏陶中，逐渐被高雅纯真的艺术折服。

我也是各场讲座的常客。当时的讲座信息不像现在用官方微信公众号实时发布，我们需要自己关注讲座组织的人人网主页、QQ群，或者在学校官网与珞珈阅读广场上定期查看。主讲人既有诺贝尔奖获得者，也有世界公认的知名学者，各个领域杰出代表。每一次都是人山人海、座无虚席。对我创业有直接影响的，或许是"三国英雄火锅"的创始人徐洪波的讲座。那时我还是一个有创业梦想但没什么经验阅历的小伙子，在那次的讲座上，他给我们详细分享了自己的创业历程。为什么要选"三国英雄"这个主题，他在开办的过程中遇到了什么问题什么打击，后来又是怎样去破局……这些都对懵懂的我有不少启发。作为一名工科生，我也不局限于自己的专业，易中天、方文山、毕飞宇等人文社科名家的讲座都不漏下。

如今虽已毕业，但我仍然怀念并感激武大博采众长的培养模式，让我拥有了完整的认知逻辑、思维体系，让我感受到拓展领域外知识的益处，并将持续学习作为创业后仍然保持的习惯。

所以我将公司命名为"珈和"。一是承载对母校的眷恋，感恩她对我成人成才的培养；二是希望以珞珈山为起点，为武大的"万事兴"献出力量。

我的愿景正在慢慢实现。十年来，珈和紧跟武大成长的脚步，从一家在武汉成立、通过学校帮扶入驻珞珈创意城的公司，成长为国家高新技术企业、乙级测绘资质企业、武汉市大数据企业、东湖高新区瞪羚企业；从曾经创立时需要依靠天使投资人，到如今累计获得数千万元融资，被列为全球领先的时空大数据运营服务商。

而我，也从曾经三尺讲台下聆听各家风采的武大学子，变为输出内容的武大校友。我与湖北珞珈实验室建立合作，希望用珈和的技术经验与商业积累，为同样怀揣创业梦想、憧憬用技术服务社会的同学提供一些帮助，连接起珈和科技与武大学子的桥梁。

我也曾几度站上武大讲台。2018 年 10 月受学院"GeoScience Café"的邀请，成为第 209 期的主讲人。在熟悉的测绘遥感信息工程国家重点实验室，我从遥感商业化应用拓展的角度，围绕资本、企业、人才、分工等层面问题向同学们展开分享；2021 年 10 月，我又收到"珞珈论坛"的邀请，在武汉大学图书总馆学术报告厅作了讲座。那晚讲座上，我讲述自己读书时期的徘徊与迷茫，表达自己对卫星遥感市场以及产业化应用的看法，也将如何选择适合自己的创业方向、如何开始创业的经验进行分享。

看着台下一个个专注的身影，我仿佛也看到了曾经的自己。阅览论文编写代码的自己，积极参加创新创业活动的自己，在各场讲座中流连忘返的自己，锲而不舍地用青春探索未知的自己。

人生有多条道路多种选择。或许是扎根科研勇攀高峰，或许是深入一线解决群众难题……我在人生的十字路口，选择了"数据创造价值，遥感改变生活"的道路。从实验室到荒地农田，从测绘遥感到服务社会的千里眼，"自强、弘毅、求是、拓新"从来没有标准答案。

东湖水畔，珞珈山下，老一辈武大人筚路蓝缕，书写辉煌画卷。新时代新征程，我们更应步履铿锵，承前辈衣钵，用行动绘精彩人生，用奋进耕耘武大的壮阔新篇。

以此篇献礼母校百卅诞辰，饮水思源，常怀感恩，愿母校永铸辉煌，再谱华章！

武大带给 我的不同『记忆』

王峰在《最强大脑》现场代表中国队挑战项目

王　峰 ···

1990 年 10 月生，江西吉安人。武汉大学资源与环境科学学院 2008 级本科生，在校期间被评为"十大珞珈风云学子"。曾获得"世界记忆大师""大脑年度人物"等称号，2010 年、2011 年连续两年蝉联世界脑力锦标赛世界总冠军荣誉，是第一位获得个人总冠军的亚洲人。多次参与江苏卫视《最强大脑》录制，2014 年在第一季节目中迎战德国国家队，最终获胜，2015 年在节目中担任中国队长，2017 年在节目中担任轮值主席，2018 年成为最强大脑中国战队总队长。曾出版图书《冠军教你记单词》《最强大脑：写给中国人的记忆魔法书》。

很高兴在武大校庆之际，有这么一个机会和校友们分享一下我一路走来的历程。用榜样的力量感染和激励更多人似乎是武大的传统，我也很庆幸，在刚进武大开始迷茫的时候参加了武大的新生开学典礼暨风云学子报告会，也正是那场报告会让我看到了大学四年可以过得如此精彩充实，同时也在我的心里种下了一颗"不安分"的种子。

 ## 不安使人进步

还记得我刚进入武大那会儿，对大学的一切都感到新鲜，这应该也是所有刚参加完高考的同学共同的感受：从那种听课、做题、考试的枯燥生活一下转化为大学多姿多彩的生活。高考结束的头几个月会觉得特别幸福，觉得终于完成了一件"人生大事"，可以好好歇歇了。但是再过一段时间，玩得差不多、心也开始静下来了，这时候会有另外一种心境油然而生，那就是"迷茫"。因为高考以前，每天每小时甚至每分钟都是被学习占得满满的，心里唯一的目标就是考个好分数、进个好大学，也正是这一目标激励着中国成千上万的学子夜以继日地学习。一旦高考完成，经过几个月的放松，将高考前积攒的疲惫以及压抑彻底释放后，我突然问自己一个问题："我接下来四年的目标到底是什么？努力的方向在哪里？"我发现我根本答不上来。这种感觉就像是我原来在一条河流里，顺着河道往前走就能到达大海，可是真到大海的那一刻，我突然发现没有了前进的方向，面对茫茫大海任何一个方向你都可以去，也都可能闯出一条路，但是究竟哪条路是适合自己的只能去试了才知道。所以这种一下子不知力往哪处使的迷茫感开始困扰着我。

带着这种困扰我参加了学校组织的新生开学典礼暨珞珈风云学子报告会。还记得当时我们 1 万多名新生带上自己的小板凳，密密麻麻地坐在武大的梅园小操场上听这些学长学姐分享他们的大学经历。有去南极参加科考的，有去国际比赛拿奖的，有被评为全国道德模范的。当时听的过程中特别感慨：同样是大学四年，他们能够过得如此充实精彩。当时是以 45° 角仰望和敬佩台上的这些学长学姐，感觉他们遥不可及、高不可攀，同时心里在想，我的大学四年要交上一份怎样的答卷呢？如果大学毕业时，我也能像他们一样在某些领域取得出色的成绩，到时也能够站在台上给学弟学妹们分享我的故事，那么，我的大学应该就算圆满了。那我究竟该怎么做呢？听完报告回到宿舍的那个夜晚，久久不能入睡，希望能够找到方向。但路往往不是想出来的，而是走出来的。所以第二天开始，我就开始各种尝试。

探索自己的方向

除了完成专业课的学习之外，我还参与了学生会、社团活动、志愿者、社会实践以及各种选修课，想看看自己适合在哪个方向深入发展。但是试了一圈，到大一快结束的时候仍然没有找到自己的方向。直到大一下学期四月份的某一天，我像往常一样吃完饭从食堂门口出来，随意地一打眼，看到武大记忆协会的招新宣传，当时我还诧异地问："记忆不是天生的吗？难道记忆可以通过训练提高吗？"因为我在高中时特别讨厌记东西，除了老师要求背的，多一个字我都不肯背，其实老师要求背的我也不太愿意背，所以我一直在为记忆而苦恼。然而当时记忆协会工作人员告诉我，记忆当然是有方法的，而且协会还有一位在世界比赛上获奖的"世界记忆大师"，他同时也是我们武大的学长——袁文魁学长。

当时抱着试一试的态度，我加入了记忆协会。因为我想反正我先天死记硬背的能力不是很好，如果后天有方法可以提高，当然可以试试，最差的情况也就是没有提高、保持现状嘛，反正也不至于让我记忆力倒退。所以我一想只有好处没有坏处的事情，当然可以尝试。当参加完协会第一次课程后，我发现记忆真的是有方法的。同样的内容如果没方法可能背一周都未必能搞定，但是有方法的话，一个下午就能背完。从那以后我就开始坚持去协会听课，但是"学习"这事是由"学"和"习"两部分组成的，听课是"学"，自己训练才是"习"，光"学"不"习"是很难真正地提升技能。等到暑假，当时的教练袁文魁老师想要组织一支参加比赛的队伍，问哪些人想要留下来集训。我经考虑后，选择了留在武大参加记忆集训。刚进集训队伍，当时还是排在倒数，比协会的其他人差了一截。为了不掉队，我告诫自己要默默苦练。所以白天我们一群人在武大的教室里六七个小时的高强度脑力训练，回到宿舍后，我把晚上的时间也都投入记忆训练。让我觉得非常惊喜的是，当两周集训结束时，我居然排名第二，进步的速度让袁老师都觉得不可思议。

梦想开始萌芽，这时我才开始有一个大胆的想法：我是不是也可以成为"世界记忆大师"呢？我回首大一的生活，学生活动、社会实践、科研学习也都折腾过了，但就是没找到自己想要奋斗下去的方向，感觉没有干成一件令自己满意和骄傲的事情。如果继续这么下去，那大学四年以后我拿什么去跟别人竞争呢？离毕业还有三年宝贵光阴，我必须抓紧时间去为了一个梦想拼搏一把，对自己的青春和时间负责。于是我带着这个萌芽的想法去找到袁老师，问他"离比赛还有三个月的时间，如果我每天很努力地训练，保持这样的进步速度，有可能成为世界记忆大师吗？"袁老师坚定地告诉我："一定可以的！"既然得到了师傅的认可与鼓励，那我还犹豫什么，"豁出去拼一把吧"。

用行动让梦想变成现实

所以我在大一的暑假定下了自己的奋斗方向。当有一个大的目标之后，要做的就是将目标分成多个小目标，一步一个脚印脚踏实地地往前走，慢慢地向目标靠近。当时成为"记忆大师"要满足三个标准：一小时正确记忆 1000 个以上毫无顺序的数字；一小时正确记忆 10 副打乱顺序的扑克牌；2 分钟以内记住一副打乱顺序的扑克牌。如果你能够同时满足这三个标准，就能够获得"记忆大师"的称号。既然到赛场上要 2 分钟以内记住一副牌，所以我给自己定的目标是上赛场之前我要达到 1 分钟以内记住一副牌，这样即便到时赛场上有些紧张或是发挥失常，我都可以达到世界大师的标准。那会儿离比赛还有 3 个月的时间，也就意味着到第 3 个月的时候我要达到 1 分钟记住一副牌，那么倒推一下，第一个月我应该是要达到 3 分钟记住一副牌，第二个达到 2 分钟，这样第三个月才可能 1 分钟。每个月的目标制定出来以后，我再倒推下去，每周和每天的目标也就制定出来了。所以我每天的训练目标感就很强，达到了自己的目标就允许自己休息，没有达到就继续训练。这样做的好处是：将目标分级以后，你就能清晰地看到自己进步的足迹，知道自己离目标越来越近，会越练越有信心。就这么练了 3 个月的时间，我到伦敦参加我的第一次世界比赛。

2009 年 11 月 12 日，一直盼着的第 18 届世界记忆锦标赛终于拉开帷幕，心情是欣喜的也是充满顾虑的，第一次和来自世界的各国高手交锋不知自己会表现如何。加上大多数选手至少也有两年的比赛经历了，那些世界前五的脑力高人们更是有五六年的丰富的比赛经历，而我只有几个月的训练过程，还要和其他人一较高下，心理的压力是可想而知的。所以在选位置的时候我特意挑了一根大柱子旁边，让尽量少的人注意我，我也不用去看别的选手，比赛时就当安安静静地坐在一个角落里进行平时的训练，让自己的心态平静下来。同样是对自己说"只跟自己比，把这次比赛当作平时训练，稳定发挥就好，别人的成绩与我无关，名次也不要去想"。比赛开始了，翻开考卷紧张了几分钟后很快进入平时的训练状态。比赛一天下来，有两项都获得提名（即世界前十），第三项的马拉松成绩是第二天公布。这是让我难忘的时刻，裁判宣布成绩时，说完打破世界纪录后，特意停顿了一下，接着台下就是一片"hoo……"的惊叹声，接着裁判继续大声宣读"Chinese Competitor Wang Feng"，我的中国队友们顿时欢呼了起来，我也无比激动地走上了前台，朝大家挥了挥手，接着台下便是雷鸣般的掌声。我深深地给大家鞠了一躬表示感谢，接着该项的世界纪录保持者卡森主动站起来和我握手，他可是一个拥有 10 年参赛经历的 50 多岁的老选手，能够超越他不得不说是一件值得自豪的事。然后其他选手也纷纷站起来和我握手，当时那种民族的自尊感和自豪感真是油然而生，我想我为中国争脸了，让外国人记住了一个中国的小伙子打破了纪录。

当宣布快速扑克的成绩时，大家都以为现在的世界记忆总冠军老本会拿到该项的金牌。可是当念完他的成绩第二时，很多国外的选手困惑了，我至今还记得他们互相对望时有些疑惑的表情，因为老本是该项世界纪录的保持者，金牌不是他还能有谁？接着，裁判念出了我的名字，我的中国队友再次把他们最大声的尖叫献给了我，国外的选手先是一阵沉默，接着便是掌声加欢呼声，因为他们没有想到会是一个中国的新面孔，一头"初生牛犊"击败了脑力界的权威人物。在一片呼声和掌声中我自信地走上台，手中的五星红旗也格外显眼，这不仅是我的荣誉也是我们中国的荣誉，中国的小伙子再次让国外的选手感到后生可畏。还记得那个外国的记者听到我的成绩的时候，惊叹地说道"You beat Ben? cool！"11 月 14 日晚，一个美妙的夜晚，几个月来不知疲倦的付出终于在那一刻有了结果，我用自己的成绩向世界证明了中国的脑力新生力量——中国第一、世界第五。我没有辜负所有人对我的期望！

 再接再厉，为荣誉而战

不过这股兴奋和喜悦还没体验多久，在回国的飞机上，我的队友以及袁老师就跟我说："世界脑力锦标赛"举办 18 年来，一直都没有一个中国人甚至是亚洲人能够进入世界前三，我这次的成绩已算是亚洲人有史以来最好的成绩了，所以如果能够有一个人中国人能够获得一次世界比赛的总冠军，将会填补中国人在这个领域的空白，去证明下我们中国人的脑力并不比任何一个国家人的脑力弱。通过见证我这几个月的进步，他们觉得我是最有可能实现这个目标的人。所以他们希望我能再接再厉，明年再次参加世界赛，冲击世界记忆总冠军！说实话当时我听到这个目标后，顿时感觉重压在身，作为记忆界训练了几个月的新人，明年的目标居然是成为世界记忆总冠军，想想都有点疯狂。但是我性格特点是不想让看好我的人失望，既然这份希望和责任落到了我的肩上，我愿意全力以赴再次备战一年的比赛，去实现我们的愿望。

在经过了近一年的备战后，时间来到了 2010 年 12 月 3 日，第 19 届世界脑力锦标赛的开幕。比赛的过程也是跌宕起伏，经过三天的激烈角逐，终于到了比赛的最后一个项目，也就是决定最终胜负的一个项目——快速扑克牌。就是比拼谁能够在最短的时间之内记住一副打乱顺序的扑克牌，52 张牌的点数和花色以及顺序要完全记忆正确才算挑战成功，任何一张牌出错都算挑战失败。因为这项比赛要求记忆速度非常快，任何走神或是开小差都会导致记忆出错，所以对于记忆力的要求非常高。当时中央电视台现场直播比赛，因为我是总冠军的热门人选，所以当时在开始记忆之前，我的前面围了一圈各个电视台的摄像机，我也知道当时我的亲人朋友也在电视机上注视着我的一举一动，这让我不禁紧张了起来。我深吸一口气，抬头看了看头顶的天花板，结果发现天花板上也有摄像头对着我，吓得我立刻低下了头，在心里面反复地告诉自己不要管眼前的这些，待会儿记忆的时候脑子里只有扑克牌。为了让自己从眼前的这种紧张的氛围中脱离出来，我采用了平时进行的冥想训练，让自己的思绪和心态恢复平静。调整得差不多了，比赛也要开始了。我抓起扑克牌，娴熟地飞快地推牌，一张张牌在我脑海里飞快地闪过，在最后一张牌看完时也就记完了，当时我看了下计时器：24 22 秒，我知道如果这个速度我能够全对的话那么就能够拿下这届比赛的总冠军。最后结果也是不负众望，我以全对的成绩拿下了这个项目的单项金牌，同时也打破了这个项目的世界纪录，同时以比赛总分第一的成绩获得了该届比赛的"世界记忆总冠军"，也是比赛举办 19 年来第一位中国籍的世界总冠军。

载誉归来后，我也获得了更多荣誉，同年也被评为武大的"十大珞珈风云学子""十大杰出青年"等，并且在我毕业的时候作为"十大风云学子"的代表给新一届的全校新生分享我的大学生活，用这种方式也算是给我的大学生活画上了一个圆满的句号。

让更多人受益

毕业以后，我就开始从事推广科学高效记忆的工作。我本人经历了一个从普通记忆力的人到世界记忆冠军的过程，深知每个人的记忆力只要经过科学方法的训练都可以得到提高。尤其是对于那些需要参加考试的同学来讲，面对大量的知识要记要背，当没有方法死记硬背的时候真的很痛苦，包括我自己本人在高考以前的学习在背诵方面也是件让人苦恼的事情。于是，我就在想如果让中国的每个学生多学习下记忆方法，那么每个人都可以学习和记忆得轻松点，不要在死记硬背上浪费太多时间。每个人进步一小步，那么对于我们整个社会来说就前进了一大步。同时，我也成功申请了教育部"十四五"规划重点课题，我所负责的内容就是"利用科学方法高效记忆学科知识的实践研究"。

另外，在机缘巧合下，我参与录制的江苏卫视《最强大脑》节目也让更多人开始关注脑力、了解脑力。这个节目的由来是当时江苏卫视的导演在国外看到了海外版的"Super Brain"，这个节目那会儿在国外非常受欢迎。所以导演们就想是否能在中国也办一档类似节目。那要解决的第一个问题就是国内是否存在这么多脑力高手，他们在网上搜索就看到了当年日本NHK电视台拍摄我的比赛纪录片，发现中国也有这么一群人。因此就找到我，说想办一档这样的节目，问我是否有兴趣参加。我觉得能让更多人看到大脑的魅力是件好事，就同意参加了，也就有了大家在《最强大脑》节目中看到我从最初参加项目挑战到后面成为中国战队总队长，并且在节目录制现场再次刷新了我当年世界赛的纪录。也正是因为节目的播出，让我被更多的人认识。

我也在各种场合推广科学记忆，与某头部在线教育公司，创造了单场50万人听讲座的纪录。线下我也被邀请去些顶尖的学校分享自己的心得，比如哈佛大学、哥伦比亚大学、复旦大学等。此外，也会去给一些公司集团的客户授课。记忆是每个人都面临的问题，凡是需要记忆的内容都可以找到一种更高效的方式去记。希望通过我的方法去帮助更多人轻松记忆、高效学习！

很庆幸自己当年选择了武大，因为武大的多种学科和多元选择，才让我有幸接触记忆比赛活动；因为武大的包容、民主，才让每一位有想法的同学能够尽情发挥自己的才能。当年我能够花费大量时间去训练记忆、参加比赛，这个过程离不开武大老师们的支持和鼓励，否则我可能也无法全身心地投入比赛。在此也再次感谢母校，也希望有更多珞珈学子在如此美丽的校园绽放自己的风采。

这就是我的武大"记忆"，这就是我的"记忆"成长之路。

四次洞见内心　投身城市建设

于义翔参加佛山市南海区两会

于义翔 ···

1991年3月生，山东蓬莱人，中共党员。武汉大学土木建筑工程学院2010级本科生。在校期间积极参与社会实践，获评湖北省社会实践先进个人、武汉大学优秀毕业生等荣誉，获得国家奖学金、"芙蓉学子"奖学金等。曾获全国高等学校土木工程专业本科生优秀创新实践成果奖二等奖、国家大学生创新创业训练计划优秀项目等奖项，并将研究成果成功应用于大秦铁路茶坞工务段施工中，为当时的铁路加固施工节省了100多万元的成本。本科毕业后加入万科集团，曾多次荣获万科集团金奖。现任万科城市更新公司佛山分公司总经理、党支部书记，同时担任佛山市南海区政协委员等多项社会职务。

我来自山东一个小城市的普通家庭，2010—2014年，在武汉大学学习了四年，时光短暂，但是武大于我早已化成一种不可磨灭的精神存在，深刻地影响着我的思维与行动。

 一沓"欠条"，开启大学生活

2010年6月9日，我走出高考考场，完成了人生中的一件大事。在以往求学的日子里，父母一直忙于工作，我很小的时候就开始了住宿生活。虽然彼此相处的时间短暂，但是他们从未淡出我的生活，不仅在必要时给我爱和教育，也大方地给予尊重和理解，在融洽的气氛里，我们经常谈天说地，畅所欲言。我与父亲更像是一对"兄弟"，到点了就挥手离去，奔赴各自的江湖世界。恰到好处的距离预留了足够的私人空间，也让我们心灵相通，彼此挂念。即使是充满了情绪波动的青春期，我也珍惜每一次见面的机会。

父亲说要给我一个记忆深刻的成年礼。当我许完愿望，一沓纸出现在桌子上，两个红色的大字"欠条"映入眼帘，我吃惊地看着他，他得意地望着我，说："别愣着，快吹吧！蜡烛要化了！"烛火灭了，他拿着欠条说："我和你妈工作一直很忙，你打小就在学校住宿，这一点爸对不住你，看你慢慢出落了，我们都很高兴！但是呢，从今天开始，你从家里拿的每分钱都要打欠条，之后要全部还清。这就是给你的成人礼！"成人之路是另一种学步，父母自然会不放心地跟随一段路程，所以我震惊之余欣然答应了。

我带着欠条开启了憧憬已久的大学生活，那时尚未理解父母的用意，多年后这颗子弹终于击中了我的心房。在之后的四年里，我用高中的奖学金支付了大一、大二的学费，通过学校奖励、申请专利和实习工作积攒的钱解决了生活费，所幸还留有结余，大三、大四时申请了助学贷款，毕业之前也已经全部还清。如果没有欠条时刻提醒，无论是勇气还是力气，我可能都会有所保留，在精神独立上总是舍不得迈出最后一步。父母正是以这种方式给我一个成人的提醒和告诫，让我多一份准备，少一份逃避，更早地实现经济独立，思考真正想要的人生。

来到武汉大学土木建筑工程学院后，面对全新的学习，我最先遇到的问题是上课"听不懂"。有些专业课的老师讲话夹杂着武汉方言或者其他南方口音，我听得不是很顺利，给学习造成了一定困扰，于是主动向身边的南方同学请教，或直接找老师沟通交流，不断适应他们的语调、语音，让自己听得更明白，后来慢慢就克服了。

第一次知道十大风云学子评选活动的时候，我曾发过这样一条网络日记："不奢望能成为风云学子，只希望能尽可能地接近他们。"还有那么多未知的领域尚未探索，我的心始终静不下来。武大的图书馆宽敞明亮，安静舒适，典藏众多，所以除了偶尔打篮球，其余时间我要么在图书馆，要么在实验室。在我的认知里，平衡的生活是一个不可能的神话，每个人的时间相同而选择不同，如果希望学业有所表现、日益精进，就不得不做出某种程度的牺牲。"读书可以获得知识，思考才能去粗存精"，我喜欢知识盛于内心的充盈，也享受思维碰撞的乐趣，温故而知新，保持学习与思考相结合，至今都是我坚守的法则。这种简单又纯粹的生活让我真正沉潜下去，心无旁骛地提升能力，为后来的科研创业打下了一定的基础。

一次勇敢，走向科研道路

大一上学期以高等数学、大学物理等基础课程为主，真正走进土木建筑工程专业则是从大一下学期开始的。在生产实践课上，在老师的带领下我们去了很多工地，当时参观了正在建设的鹦鹉洲长江大桥，抵达施工现场时，我听到机器发出有力的嘶鸣，看到建筑工人分散在不同的点位，结实的臂膀扬起又落下，划出一道道优美的弧线，更远处风一波波地掠过江面，浪涛拍岸。我站在那里等待着、观察着，能感觉到自己的心脏在猛烈地跳动，没想到原来水下混凝土的浇筑可以这样解决，原来书本之外还有这么多想象不到的施工困难。此外，老师还讲到，武汉大学水利、电力相关专业几乎参与了国内所有大中型水利、水电工程的实验、技术论证工作，为举世瞩目的葛洲坝、三峡大坝、南水北调等工程的建设和研究作出了重要贡献。那一刻，敬畏与热情顿时涌上心头。

2011 年 9 月，我大二刚开学不久，央视推出的一部纪录片《超级工程》，展现了港珠澳大桥、上海中心大厦等五个重大工程项目，大部分与土木建筑有关。看了之后，我心想将来就算没有确定好工作的方向，至少还有机会为国家基础设施建设贡献青春力量。我对专业的理解和认同又向前迈了一步，实践的意义，或许就在于此。在顺应自然规律的前提下，借力打力，只要有足够的信念与决心，则大事可成。这就是外出实习在学术之外，我得到的最大的启示。

土木建筑工程的知识大多与生产实践直接挂钩，但大二部分课程中实验所占的比例不甚合理，一头扎进书海苦读犹如纸上谈兵。那时的副院长彭华老师分管本科生的教学，非常鼓励我们多动手、多实践，将课堂所学应用于现实生活。他说，不论是参加科研项目还是创业比赛，都是专业人士学成之后回馈国家和社会的一种有效手段，比停留在书本当中要进步许多。我也听闻徐礼华院长向来注重学术和本科生教育，在心里反复思索，最后终于斗胆找到院长申请参与"863"项目，甚至把积郁在胸中多时的课程建议也一吐为快。我早已做好了被拒绝甚至被教育的准备，但是当我说明情况后，她欣然答应了我的请求，并表示对课程建议也会加以斟酌。

那时资历浅薄，我只希望能在徐老师的课题组里打打下手，没想到她不仅鼓励本科生单独做一个新课题，而且将组内的博士生、硕士生介绍给我们。每个人的心里都有一团火，路过的人只看到烟，但是徐老师却看到了我的热情。探索的快乐支撑着我前进，这种快乐源自对思维的开辟、对未知领域的寻觅。每次模型做出来的那一瞬间，我都忍不住多打量几眼，抽象的理论知识这么一倒腾就变成了沉甸甸的实物，真是神奇！那种幸福不在于名利的诱惑，不在于应试的激情，而在于对成就的喜悦和创造性的欢乐。在日复一日的实验中，我查阅文献、发现问题、总结归纳、组织实施、科研表达等方面的能力都得到了质的有效提升，初步积攒了宝贵的科研经验。

在老师的教导下，我尤其关注现实生活中的问题，这对后来参加创业竞赛很有帮助。其中一个创业的核心主题是"加固"，因为我观察到铁路十年后的使用性质可能会发生变化，荷载就要做出对应的调整。如果整条铁路全部废弃，不仅拆迁成本高，而且建筑垃圾不易处理。若能直接采用加固技术便可以在节约成本的同时，缩短工期，保护环境。另外，受汶川地震和玉树地震的启发，加固除了以上优点，还能提高抗震能力。有了想法后，我通过市场调研收集数据，陆续组建团队开展工作。这项发明最终成功应用于大秦铁路茶坞工务段施工中，可在不中断铁路运输的情况下加固铁路桥梁，为当时的铁路施工节省了 100 多万元成本。

看到科技成果落地生根，我感慨至深，原来通过内驱力获得成功是这样一种感觉，但同时深知如果没有师长的引导，没有团队的通力合作，我一个人是绝对完成不了的。随后我以该技术为核心，参与了国家级大学生创业实践项目，获得了全国首届华图教育基金支持，并借此创立了"武汉驳碳纤维加固有限责任公司"。

科研之路并非只有坦途，有一次制作实验的几根梁需要石子，石子其实便宜，但是建材市场却十分偏远，出租车来回一趟得好几百块。我们想把科研经费用在刀刃儿上，最后心一狠，辗转多条公交线路来到了汉口。我和师兄买了两袋石子，每袋 50 公斤，两个人在武汉最炎热的时节，顶着三十七八度的高温，硬生生把材料扛了回来。那些坎坷的经历更加厚重，它们的存在让过去变得鲜活生动。

 一个抉择，放弃直博资格

在读研成为大趋势的背景下，没有课业压力、时间又集中的大三暑假，成了不少学生的"黄金复习期"，我仔细核对了平时成绩以及科研活动的加分，估计能获取保研资格。在万科公司实习期间，参加了北京大学的夏令营，拿到了直接攻博的机会。成功的那一刻就像头槽酒一样，感情最为浓烈。对专业所倾注的一切得到了国内最高学府的认可，祝福像潮水般向我涌来。

外界的喧嚣暂时隐没，内心深处的叩问却难以回避，我为什么要读研？我真的做好学术准备了吗？倘若不背负那么多期望，倘若不按照社会既定的路线前进，每种真诚的选择都有共同成长的机会，当掌声和灯光散去，我依然会热爱学术吗？在武大的四年时光里，我深切地感受到这是一所历史悠久、底蕴深厚的百年名校，是一个立德树人、培育英才的主要阵地，是一座开放包容、崇尚自由的学术殿堂，聆听着校训的冀望，我们平等地对话交流，自由探索适合个人成长的方式。站在人生的岔路口，即将从一个变局闯入另一个变局，我依然渴望飞到一片自由的天地，坚守独立自强的本色。

我在万科实习了一段时间，实习的时间越久，我对这份工作的留恋越难以割舍。明确的自我定位是一切决策的前提，作为一个独立的个体，我不想带着匮乏的诚意盲目地做出选择，只为迎合社会与他人的期待。我从不拒绝深造，但是北大直博 5 年 = 学位 + 北大方面的资源；3 年工作 +2 年读书 = 工作经验 + 社会阅历 + 自力更生 + 学到自己真正需要的内容。先投入工作，可以开阔眼界，发现更多的可能；再读书深造，更具有针对性，学习的效率也会提高。思虑再三，我决定放弃北大的直博资格。

山东是孔孟之乡，更是中国的高考大省，父亲为人处世质朴温和，但他对教育的执念仍然渗透在日常的话语里，我做好了挨批评的准备，但也深知结局不会发生任何改变。我把想法告诉家人，果不其然，遭到了他们强烈的反对。我详细地描述了那些天的心路历程，把父亲说到无力反驳，他叹了口气就挂断了，之后又频繁打来了好几个电话："那么好的学校，还能读到博士，你就这样放弃了，多可惜啊……"我心里一点也没有乱，反而在和父母的探讨中越辩越明。等到有一天，他一大早发来了两个字——"加油"，我就知道这一关终于迈过去了。虽然父母始终都不赞同我的选择，但还是尊重了我的选择，这让我内心踏实了许多。

2014 年 6 月毕业以后，我以管培生的身份正式加入万科企业，轮岗是基本的要求。刚开始工作的内容非常基础，需要从基层岗位做起，我被分配到一个工地上，每天协调建筑施工的各种人事，虽然不用自己干体力活儿，但是为了更好地弄明白各项工作内容，仍然需要亲自下手。和工人协调的过程中不可避免会出现摩擦，工作强度也很大，全身上下都灰扑扑的。看着往日的同窗在朋友圈分享清北读研的生活，偶尔一个人的时候，心里也会泛起一阵酸楚。当我再回到工地上，忙碌的生活就会冲淡很多情绪。我是从武大毕业的，但不能顶着名校光环自哀自怜，不管在哪个岗位上都要用尽所学，有一分热，发一分光，这个朴实的想法支撑了我很长时间。

工作变动的节奏很快，2014年7月到2016年12月我先后担任佛山万科金域蓝湾项目、南海万科广场项目土建工程师、主管工程师和项目负责人，管理团队人数从个位数逐渐到20余人。在此期间我获得过最佳新人奖，多次获得过年度优秀员工、优秀匠人等荣誉。2017年是我人生中最重要的节点之一，我成为佛山万科工程总监，2018年又兼任客服总监，而且是整个万科体系里最年轻的工程系统的负责人，管理着163人的团队，负责佛山万科所有项目的工程、技术研发和客户服务业务线条。峰值期间管理佛山公司超过800万平方米建筑面积、40余个项目，其间获得多项专利和著作权。2019年到2021年，我负责的两个项目获得了全国房地产行业最高奖项"广厦奖"，另有项目获得"中国钢结构金奖"。从基层做起是一个循序渐进且符合个人成长规律的安排，前期积累的管理经验对后面接手项目非常有帮助。灵感源于兴趣，坚持来自热爱。只有做自己真正喜欢的事情，才能拥有持久的创新力，就算经历困难，也不愿放弃。充满激情的奋斗一定会留下充实、温暖且无悔的回忆。

任何行业的高速增长中都会有各种问题，房地产多年畸形发展催生了畸高的房价，整个金融和地产体系都在积聚风险。2016年，中央开始采取限购限贷限售、严格价格管理以及规范市场秩序等措施，实现"房子是用来住的，不是用于炒的"理性回归。一系列相关政策的出台都对房地产行业有非常深远的影响。2019年以后，职业生涯进入沉淀期，又碰上了三年疫情，深造学习的想法再次提上日程，我一边工作，一边回顾这几年的经历，通过梳理遇到的困难发现自己对金融、管理等方面的知识有欠缺，而这恰好也是我感兴趣的方向。

深造学习的时机成熟了，我报考了北京大学光华管理学院的非全日制工商管理硕士，在备考的路上，结识了志同道合的朋友，2022年9月顺利入学。相比于懵懂的学生时代，从职场回到校园的我，更加清楚学习的意义。充满了自觉性的学习是一件纯粹又美好的事情，极大地拓宽了我的视野，让我看到了各行各业的相通之处。当然，我还必须感谢我的妻子（武汉大学2014届信管学院校友张明慧）对我继续学习毫无保留地支持和鼓励，承担了更多照顾家庭和孩子的责任，让我可以安心深造。

在青春时期，我们在"共同目标"的驱动下前进，比如中考、高考，甚至读研，而到了一定阶段，再也没有人告诉你该往哪儿走，每一种选择都有风险，唯有足够明确的目标和动力才能提高掌控力。对于学习而言，我一直认为大学毕业不是学习的终点，而是学习的起点。在学生生涯，学习是用考试来牵引的，但走进社会之后，学习是用问题来牵引的——成年人学习的本质是搞定一个又一个问题，考试的答案在书上，而问题的解法在你是否愿意持续学习。

 ## 一次选举，担起新的责任

我一直从事房地产行业，与政府部门交往得比较多。在 2021 年广东省佛山市南海区政协换届之前，我收到了官方的邀请，他们希望政协里能出现一批"90后"的新力量，敢于表达年轻人的想法。我很荣幸有机会参加选举，认真地准备了相关材料，在 2021 年当选广东省佛山市南海区政协委员。在其位，谋其政，工作之余，我留心观察生活，有时间就跟随组织走访调查，了解群众真正的诉求，并形成完善的提案，以期解决生产生活中的一些问题。2022 年 4 月，疫情再次严重之际，我带领万科南方区域城市更新公司佛山分公司的志愿者轮班参与夏北社区全员核酸检测工作，从清晨忙到深夜，始终坚守岗位。

2023 年 1 月 10 日，政协第十四届佛山市南海区委员会第三次会议开幕，在大会开设的"委员通道"上，我作为与会委员代表，带来了构建电动车安全友好城市的提案。同年，全国各地的"夜经济"纷纷发力，作为南海的中心城区，桂城夜市如何成为当地的一张新名片？我在这方面也有所思考：桂城可以借鉴北京、西安、成都、重庆的特色经营模式，选择交通便利的区域划定商圈，并以优惠政策吸引老店名号入驻，在不扰民的前提下让当地更有人间烟火气。

青春的成长是洞见深邃的内心，而立之后，我开始望向更辽远的世界与人群。簇新的理想也能唤起强盛的生命力，肩上的负担越重，生命越贴近大地，它就越真切实在。不忘来时路，方知向何生，自强以弘毅，求是以拓新。在此由衷地感谢母校多年的栽培！正值百卅校庆，愿武大宏图更展，再谱华章！

从学生会主席到『世界最具潜力女科学家』奖获得者

白蕊在做分子生物学实验

白　蕊 ⋯⋯⋯⋯⋯⋯⋯⋯⋯⋯⋯⋯⋯⋯⋯⋯⋯⋯⋯

　　1992 年 10 月生，内蒙古呼和浩特人，中共党员，现任西湖大学生命科学学院副研究员。武汉大学生命科学学院 2011 级本科生，在校期间曾担任武汉大学生命科学学院学生会主席。2015 年推免进入清华大学攻读博士学位，师从施一公教授，2018 年获得清华大学研究生特等奖学金。2019 年博士提前毕业，前往西湖大学从事博士后研究工作，2021 年获得浙江省优秀博士后称号。从博士伊始一直致力于用生物化学、分子生物学和生物物理学的方法研究剪接体和 RNA 剪接的分子机理，发表高水平 SCI 论文 12 篇，其中以第一作者身份发表 *Science* 6 篇、*Cell* 3 篇，引用次数 1200 余次，研究成果曾入选 2016 年中国科学十大进展等。曾获得 2020 欧莱雅 – 联合国教科文组织评选的世界最具潜力女科学家奖、2020 年度乔诺法青年研究奖、2022 年度达摩院青橙奖等奖项，2018 年入选由中国科协评选的"未来女科学家计划"全国五人名单，2020 年入选年度博新计划，2021 年带队参加第一届全国博士后创新创业大赛获得赛道金奖。主持国家自然科学基金青年项目、中国博士后面上项目，是国家自然科学基金两项重点项目的主要承担者。

2022 年 10 月 31 日，阿里达摩院青橙奖获奖名单公布。作为 15 位获奖学者中最年轻的一位，29 岁的我逐渐走进媒体和公众的视野。"一位完全由本土培养的青年学者""世界最具潜力女科学家""施一公的女弟子"……一路走来，外界给我贴上了大大小小的标签，但我清楚地知道，能定义一个人的，从来只有自己。

时钟拨回到 12 年前，那个拎着大小行李迈入武大，常常在偌大校园里迷路的内蒙古女孩儿，从未想过有一天自己会被冠以"科学家"的名号，更想不到可以代表中国科研工作者，向结构生物学领域的"世界级难题"发起冲锋。恰恰相反，本科时期的我，简直是一位普通到不能再普通的女大学生——或许也像现在许多学弟学妹一样，为考前"抱佛脚"而焦虑，因赢下一场球赛而开怀，在和"学霸"的相处中相形见绌，不吝隐藏自己简单的快乐与伤悲。那时的我，在珞珈山无数令人眼花缭乱的"出口"前来回踱步，试图找寻属于自己的方向。

本科四年在珞珈山的行与思，与我此后走上的科研道路有莫大差异，甚至会颠覆人们对一名"科学家"的想象。但仿佛又是冥冥之中的天意，这里的一切，又暗暗为我此后的成长写下注脚。毕业 8 年，我依然常常感慨，那些在珞珈山下呼啸而过的时光，是我人生中永远难忘，也无法磨灭的一段珍贵记忆。

 "如果你想学生物，就认准武大吧"

似乎每个孩子的童年，都离不开"十万个为什么"。我对生物学最初的兴趣，正萌芽于家里书架上那本微微褪色泛黄的《十万个为什么》。

"为什么鸟会飞而人却不能？""为什么秋天树叶变黄，春天花会开"……光翻书还不够，小学时，我就常常追在老师和爸爸妈妈后面，问这些大自然中看起来"稀奇古怪"的问题。到了初中，我第一次知道有一门叫作"生物学"的学科，专门研究自然界的万物，还知道了原来这些神奇的现象都是由"基因"决定的。

真正的兴趣形成于高中阶段。呼和浩特市第二中学是内蒙古自治区数一数二的高中，也敢于吸纳年轻教师进入教学一线。一上高中，我就遇到了一位刚刚研究生毕业的生物老师，更幸运的是还当了生物课代表。老师上课旁征博引，幽默风趣，高中期间，我在生物课上几乎从未分过神。直到现在，我还清晰地记得老师讲授"遗传"专题时的一些经典题目——"父母双方都是 A 型血，孩子有可能是什么血型""显性或隐性基因控制下，子女患遗传病的概率有多大"……很多时候，只听课上老师讲的知识还不够，我还攒下零花钱买来各种课外书籍，如饥似渴地汲取着更多的生物知识。

读高中时，许多同学说，生物是"理科中的文科"，离不开大量的"死记硬背"。但在我看来，这从来不是一个"死记硬背"的学科，学好生物的秘诀在于感兴趣、肯钻研，只要参透了其中的基础知识和内在关联，自然就能打通"任督二脉"。仿佛真的有一种天赋加持，高中期间，我从来没有刻意背诵过书中的知识点，但生物科目的成绩常常在班里名列前茅。高二的第一次月考，我的生物成绩更是"一骑绝尘"，考了 100 分，是那次考试全校唯一一个满分。

高考后，凭借着超出当年自治区"一本"线 130 多分的成绩，足以让我填报北京、上海等一线城市的知名大学，学习经济学等"热门"专业。家人和老师也都认为，学经济可以让我在毕业后找到一份赚钱的"好"工作。但一直都有股"倔脾气"的我，还是一心想选择自己心仪的专业——生物学。

得知我的意愿十分坚定，高中生物老师首先支持了我的选择。她向我推荐："如果你想学生物，就认准武大吧。"彼时，从小在内蒙古长大，从未去过武汉，更不了解武大的我，第一次从生物老师那里得知，武大不仅有全国闻名的樱花，生物学科更是国内一流的。

就这样，在高考志愿表上，我第一志愿填上了"武汉大学生物学基地班"，并在两个多月后，如愿成为生物学基地班 2011 级本科生。

然而，当我真正进入武大生科院，全心投入感兴趣的生物学习时，才发现，我过去的想法太单纯了。大学的学习很快给我泼了一盆冷水。

大一的植物生物学、微生物学等课程，知识点十分繁杂，从最基础的"界、门、纲、目、科、属、种"到更复杂的微生物概念，大多需要一字不差地记下来。再加上高数、线性代数、概率论以及化学、物理等课程是培养方案中规定的必修课，大学前两年的学业压力很是繁重。

起初，我还是按照高中的学习方式，按部就班地完成学习任务，并没有什么"考前突击"的概念，只等着期末考试时顺其自然。那时，我把许多时间用来参加各种各样的文体活动，从新生排球赛，到"腾飞杯"篮球赛，再到戏剧、绘画比赛……初入大学的我，常常穿梭在不同的兴趣社团和活动场所，想为自己打开一片书本之外的天地。

第一学期期末考试，看着室友门门"90+"的成绩，再看看自己，只有一门体育课满分，一门实验课上了 90 分，其余大部分在 85 分左右。那时我开始反思，是不是学习方法出了问题？

后来，我第一次知道了"考前突击"的概念，寻找起"历年真题"的窍门，在一场场考试中变得游刃有余起来。但现在回想起来，这是我做得最错误的决定。

 ## 1106 会议室，装满了我的独"珈"记忆

2023 年 5 月 10 日，我受邀回到母校，在宽敞明亮的生科院报告厅，参加了第十届"生科文化节"开幕式暨本科拔尖创新人才培养论坛第一讲。

活动现场，看到新一届学生骨干信心满满又略带青涩的样子，向在场的领导、嘉宾娓娓道来文化节的特色活动，我仿佛看到了十年前筹备第一届"生科文化节"时的自己，想起了那些在院办 1106 会议室"熬"过的一个又一个日子。

决定加入学生会并且参加主席团竞选的初衷，是因为自己是一个"社恐"。大二的时候，由于我是生物学基地班的班长，还是院学生会宣传部的副部长，通过第一轮面试，我成为主席团的几位候选人之一。或是因为平日里学习成绩和人缘不错，或是工作中一直以来任劳任怨，得到了大家的认可，最终我如愿成为学生会主席团的一员。

2013 年一个初秋的午后，生科院 1106 会议室，窗外的绿荫遮蔽了些许躁动的炎热。会议室里，时任学生会主席张雨田学长和我们主席团以及各部门负责人正在进行一场"头脑风暴"。

"我们生科院的同学，学习很刻苦，学风很好，但不能总是埋在书本里。"

"生科院这么有文化特色，应该办一场面向全校的品牌活动……"

大家你一言我一语地说着，此时，一向不善言辞的我，一个人猫在角落里，默默地在笔记本上记录着会议要点，暗地里想着，要为这场襁褓之中的"品牌活动"做些什么。

经过一个学期的筹备，当时我作为学生会主席，在辅导员的全力帮助和支持下，在第二年春天，我们终于办起了首届"生科文化节"。恰逢樱花开放期间，我们在桂园操场摆起了一个小小的摊位，策划了制作樱花标本和叶脉书签的活动。

起初，我不禁有些顾虑，生科院第一次办"文化节"，怎么吸引更多人参加？真的会有同学感兴趣吗？

那时，微信公众号还没有像今天这般"飞入寻常百姓家"，智能手机在大学校园里也尚未普及。纸质海报、手绘展板和"人人网"论坛就成了我们主要的宣传渠道。我小时候学过几年绘画，便带着大家在生科院一楼大厅办起了绘画展板，和几位同学用一周的课余时间，一笔一画勾勒出我们心目中首届"生科文化节"的样子。几位男生在宿舍楼下张贴起海报，常年"泡论坛"的同学在"人人网"上发布了电子海报和推广帖子……那时的条件有限，但参与活动筹办的大多数同学以一种近乎赤诚的态度，奔波在校园的各个角落，只为让更多的同学知道，生科院要举办首届"生科文化节"。

活动举办的那天，效果好得出乎所有人的意料。几张课桌拼起的小小摊位，里三层外三层地挤满了人——有前来赏樱的游客，有下课路过的学生，还有同学专门跨越大半个校园，只为亲眼看看樱花标本是什么样子……

看到大家笑得灿烂，我心里暗自高兴，"生科文化节，一定能成"。

同时，我们打算发挥生科专业特色，把知识科普融到趣味游戏中来。我想到"分子生物学"课程上，老师讲过的"大肠杆菌发光"实验。那么，能否利用荧光蛋白基因在大肠杆菌培养皿中进行表达和检测的原理，策划一场"微生物涂鸦"大赛的活动？

由此，在任课老师和学院团委的支持下，专门开放了部分实验室和实验器材，让更多其他专业的同学走进实验室，制作属于自己的"微生物涂鸦"。半天下来，一幅幅涌动着创意巧思的作品在培养皿上跃动，来自全校不同专业的同学，通过特殊的"纸"和"笔"亲身体验到生物学的乐趣。

十年快过去了，我为做实验所培养的微生物不计其数，但最让我难忘的，依然是那年"生科文化节"上，与所有同学共同创作"微生物涂鸦"的场景。

现在，每每提及自己的大学时光，常常有人惊讶，"没想到如今的科研'大神'，是大学时期办过这么多活动的学生会主席"。但我从不认为这是莫大的反差，科研从不是一个人的战斗，在某种程度上，做科研也是在"带领团队办活动"——如何与人交流、沟通协作，怎样合理统筹有限资源，调动一个团队的积极性，是我直到现在，仍在探索的问题。而大学时期的种种经历，无疑为我此后科研精神的养成和综合素质的提升，打下了坚实的基础。

如果时光可以倒流，我还想回到 10 年前的那个午后，在 1106 会议室，和"蕾姐"，和学生会的小伙伴们，围坐在一起，再来一场"头脑风暴"。

💬 从珞珈山走向清华园，我向"世界级难题"发起冲锋

第一次见到施一公老师，是在 10 年前的"珞珈讲坛"上。

那一年，武大发生了许多"大事件"。120 周年校庆之际，新的牌坊、新的图书馆（现文理学部"总图"）相继落成。

那一年，新建成的图书馆二楼报告厅邀请了许多海内外学界大佬来校讲座，其中就包括刚刚回国不久的，时任清华大学生命科学学院院长施一公院士。

那时，正读大三的我即将面临求学深造的关头。由于我本科期间早早地进了生科院一位老师的实验室，实验室的师兄告诉我，施一公教授的团队代表着当时国内结构生物学研究领域的最高水平，这和我目前在实验室从事的研究方向相契合，"你应该挑战自己，去国内最好的团队试一试"。

师兄的一番话为我埋下了一颗种子，从此，我便开始格外关注施一公老师的动态。

讲座大概从下午2点开始，当时我住在梅园，离图书馆不过是几步路的距离。本以为占据"近水楼台"的优势，不必太早出发，但当我提前10分钟到达报告厅时，现场早已座无虚席，连过道都挤满了人。可见，武大师生对施一公院士的这场讲座，热情极大，期待极高。

也不知道从哪里来的勇气，平日里常常"社恐"的我，凭借一名女篮队员的身高优势，在拥挤的人群中向前穿梭，终于，一屁股坐在第一排嘉宾席前面的空地上。环顾四周，还有许多同学和我一样，席地而坐。那是我与施老师的第一次见面，很近又很远——我们物理空间上的直线距离不足2米，但面前的施老师成就等身，渺小的我仿佛永远望尘莫及。

讲座中，施老师的声音温和、坚定、富有激情。十年过去了，虽然具体的内容我已记不清楚，但正是这场讲座，成了施老师为我上的人生第一课。从这堂课上，我真正意识到科研的趣味和价值，认识到一名中国科研工作者身上肩负的使命。

武大的同学们十分热情，讲座现场不时响起阵阵掌声，加上提问和交流的时间，这场讲座比原定的结束时间延长了1个多小时。虽然抢在第一排的位置，但一向不善交际的我没能争取到向施老师提问的机会，只是和大多数"小迷妹"一样，默默地排队找他合照，要了签名。

讲座一别，第二次与施老师相遇，是半年后的清华大学夏令营招生面试。

大学前三年逐渐掌握"考前突击"等应试要领的我，这次却以本校排名专业第一的成绩，在清华大学的考核面前败下阵来。

说不丢人是假的。可回头想想，大学老师对一位本科生的考核，往往看重学生的基础知识是否扎实，最基本的概念和原理是否清晰，倒不在于学生做了多少"高精尖"的项目。所谓"九层之台起于垒土"，科研也是如此，对生物学这样的基础学科而言，钻研得越深，越感到基础扎实的重要性。

反观当时的自己，其实正是在"唯分数论"的裹挟下，将应试教育的"三板斧"用在大学的学习中，可能会取得一时的高分，但往往因小失大，无益于科研基础的养成。学以致用，能用起来才是真的学会，而不是停留在卷面上的分数。

大三的那个暑假，我没有回家，而是在学校图书馆"泡"了整整两个月，将大学期间所有主干课程的教材、笔记全都翻了出来，尝试加深对基础知识的理解，把握知识间的内在联系。还记得当时图书馆的 B1 区是我最常去的地方，每当夕阳落下，一抹落日余晖透过窗户折射在书页上，那是我最满足的时刻。

直到如今，我成为西湖大学的一名教师，也开始指导自己的研究生。我常常告诉新生的第一句话是，科研没有窍门，也不能抄近路，基础知识一定要真正理解并吃透，敢下"笨功夫"，才能啃得"硬骨头"。

"如果我们清华人都没有勇气去挑战世界级难题，那国家培养我们期望我们做些什么呢？"这是在清华大学读书时，施一公老师最常对我们讲的一句话。在他的鼓励下，我一直将"RNA 剪接体"——这个世界生物学研究的"老大难"问题作为自己"死磕到底"的研究方向。

人类体内有两万多个基因，但实际执行生命活动的蛋白有几十万种。在基因发挥作用的过程中，需要经过"剪接"的环节去除掉无效的遗传信息，将有效的遗传信息进行多种形式的拼接，否则可能导致基因紊乱，诱发癌症、遗传紊乱等各种疾病。而我的研究方向，正是从分子层面揭示 RNA 剪接体的工作机理，为人类从本质上认识基因、科学防治癌症和罕见病，提供源头性的参考。

这是一项世界级的难题，目前，全世界能从事这一研究的团队不超过三个，而我们是唯一一个由中国本土科学家组成的团队。2017 年，我们团队的研究成果，还被写进国际最具权威的生物化学教科书。

这几年，我逐渐听到社会上有一种说法——"生化环材"，是四大"天坑"专业。我不这么认为，读到这里，我十多年来的所思所行，或许已经证明了这一点——只要把自己热爱的事业坚持做下去，一定会看到旖旎风光；倘若东张西望，急于求成，再热门的专业也是迈不过去的"坑"。

在不熟悉的人眼中，我仿佛是个"工作狂"。从进入清华读博开始，我就没有了"周末"的概念，一切以项目进度为准。直到现在，我常常为了验证一个关键的实验数据，从早上七八点就"泡"进实验室，一直干到第二天凌晨两三点。我享受科研过程的沉浸感和实验成功的满足感，我觉得我在"创造"知识，揭示生命的奥秘。那如果失败了怎么办？那只不过是排除了一条错误道路而已，意味着离正确的道路越来越近。在我看来，科研除了要有热情，更重要的是要坚持。坚持做下去，不放弃，就一定会看到柳暗花明的那一刻。

一代人有一代人的责任与担当，作为新时代的新青年，更应该为把我国建设成科研强国而奉献自己的光和热。我时刻提醒自己，无论在什么位置，都要担起我们这代青年人的重担。我选择在生命科学领域继续深耕，一方面继续做最重要的基础研究，做有用的研究，让中国在生命科学领域有更多的话语权；另一方面将研究成果用于相关疾病的治疗和药物研发上，为人类健康事业贡献自己的一份力量。

百舸争流搏劲浪
珞珈青年勇创新

何海龙获得武汉大学"十大学术之星"称号

何海龙 ·····

　　1988 年 11 月生,湖南嘉禾人,中共党员,武汉大学 2015 级凝聚态物理专业博士研究生。长期致力于声学人工结构研究,博士期间以第一作者身份在 *Nature* 发表学术论文 1 篇,在该论文中首次理论提出并实验发现了外尔声子晶体的拓扑表面态的负折射效应;曾获评湖北省 2022 年度自然科学奖一等奖(5/5)、武汉大学研究生"学术之星特别奖"、2018 年度"武汉大学研究生学术创新奖"特等奖、武汉大学 2018 年度十大珞珈风云学子、湖北省"长江学子"、2017—2018 学年度"武汉大学优秀研究生标兵"、武汉大学 2019 届优秀毕业研究生;曾入选2020 年博士后创新人才支持计划。2019 年 7 月—2023 年 6 月在武汉大学物理科学与技术学院从事博士后研究,现任武汉大学物理科学与技术学院特聘研究员。

不知不觉来到武大已有八年之久，珞珈山上的美景、益友、良师，无时无刻不在把幸福传递给我，正如《珞珈赋》中所言："斯人斯地，无乃物华天宝，人杰地灵哉！"而在幸福的包围中，我也慢慢找寻到自己的方向，并为之奋斗，总算有了一点收获。

收到约稿的消息，我感到既意外又荣幸。白驹过隙的一瞬，我抬起头，这些年学业和生活上的点点滴滴涌入我的脑海之中。我希望记录下自己的心得和经历，为学弟学妹们的成长做一些参考，也为武汉大学即将迎来的130周岁生日献上属于自己的贺礼。

自强，从小镇走出来的少年

我出生在湖南省嘉禾县下辖的一个小镇，小镇很小，现在已经与其他乡镇合并。我从小接受的教育资源并不算丰富，之前一直在镇上的小学和初中上学，直到高中才进入县里的中学上学。在高考时，我也曾一度失利，复读了一年，最终成功考入吉首大学。到这里，我和大部分的学生一样，是一个普通的少年。

很幸运我有善解人意的父母，他们经常在外打工，文化程度没有那么高，但是却始终愿意相信我的决定，尊重我的选择。上什么大学、报什么专业都是我自己决定的。而上研究生、读博士，虽然他们对我也有工作或者成家的建议，但是总体上还是理解我的想法并给予支持。

我与物理的缘分从初二第一次接触物理就开始了，那时有八九门课，我最感兴趣的是物理。而大学本科阶段，我学的专业也是物理学（师范），由于对这个专业有兴趣，所以我的成绩是很好的，一直保持在班级前五名，这为我未来的学术研究之路打下了坚实基础。

而影响我踏上物理学术研究之路的，是三个非常敬爱的老师。

第一个老师是吉首大学的全秀娥老师。在本科阶段我只是一个埋头学习的学生，对未来没有任何规划，甚至一度有本科毕业就找一个工作的想法。但是在一个中学实习的时候，全秀娥老师经常找我谈心，并极力推荐我上研究生。所以在她的影响下，我在考研报名日期截止的那天报名成功，最终考上了本校研究生。

我的研究生导师是邓科教授，他博士毕业于武汉大学。他做学术非常认真，经常手把手教我们这些刚入学什么都不懂的研究生做科研，我也就跟在他后面安心做研究。而正是因为有他，我才对武汉大学有了基本的了解，并获得了进入武大交流的机会。因为这次机会，我对武汉大学有了很大的憧憬，最终成功地以博士的身份进入武汉大学。

第三位是我现在的导师刘正猷教授。刘教授在物理学声学这个领域处于学科前沿，他非常乐意和学生交流，特别喜欢和学生们分享最新的学术热点问题。而同一个课题组的师兄们也非常无私，对我毫无保留。他们的水平也非常高，能对我提出的很多问题进行专业的解答。整体来看，我参与的这个课题组氛围是相当好的。此外，在硬件方面，武大将一切所需要的设备都配备齐全，大大提高了科研效率，这也为我们的研究提供了良好的保障。

回顾过去，我能从小镇走出，在武大这样的名校里学习和生活，靠的不仅仅是自己的努力和坚持，也同样感谢这一路遇到的老师和朋友。所谓"自强"，就是自我勉励，奋发图强。相信学弟学妹们如果不屈不挠，一路向前，也同样会冲破自身束缚，遇到属于自己的良师益友，最终实现了自己的目标。

求是，不盲从权威随波逐流

"求是"本身指的是探究自然和社会的奥秘、规律，更指追求真理的科学态度、科学精神。科学之所以能不断进步，就是因为一代又一代的科学家怀有求是之心，不盲目相信前人的理论，而是相信数据、相信实验，始终怀有对真理的探索之心。

日常生活经验（初高中物理）告诉我们，光波从水进入空气会发生折射，入射波和折射波在法线的两侧（正折射）。自然界中最常见的折射现象是折射波和入射波出现在界面法线的异侧的正折射。2000年以来，科学家发现了入射波和反射波在法线同侧（负折射），这些折射都是有反射波的，反射波不可消除。

而在对于实验样品切割的过程中，我意外发现了我测出来的现象和之前科学家实验出来的结果不一样，这引起了我极大的好奇。于是我开始不断实验，在样品不同的地方切割，力争完成对理论的探索和完善。最终提出并证实了拓扑表面波的无反射负折射效应。这种拓扑负折射出现在晶体两个侧面的交接线处。理论研究表明，抗反射能力来自等频色散曲线的开放特性。实验证实，当声波信号穿过拐角到达出射面时可以出现在法线的同侧或异侧，更重要的是这里的两组界面系统在交界线附近都没有看到反射信号。

能够发现这个现象，其实有一定的运气成分在其中。生活中和自己认知不符的现象其实很多，希望每个同学都能怀有一颗探索之心，用发现的眼光去看世界万物。

拓新，向未知领域发起冲击

我最喜欢的一句话是"不为发大文章而做科研"。我现在做科研的心态是，如果我看到一个课题，里面的物理原理之前已经研究得比较透彻，那我可能就不是特别感兴趣去做了。我更想向着那些我之前没有研究过、不太熟悉的领域冲击。我希望能在其中学到一些新知识，提高自己的水平，探究宇宙世界的奥秘。而只研究别人之前走过的路，可能更容易获得经验上的帮助，从而发表一些文章，但这绝不是我们做学术的初衷。

发表在 *Nature* 上的课题其实并不是一开始就有的。我在博士一年级的时候跟着导师去上海开会，会上接触到了很多新名词、新概念，回来我就想研究这些概念，争取发一篇能作为博士毕业论文的文章。接着我就开始查文献、做实验。但是由于我选择的这些概念比较新，整个课题组之前都没有做过类似的实验，我只能自己去做实验。一开始是在实验室里面对样品进行切割，到处都是灰尘，我看上去就像建筑工地的工人一样。到后来，我把这个样品外包给了江夏区的一个工厂。为了保证样品符合我的预期，我每天都去监工，下午2点多我就跟那些工人在那里一起搭着我的样品，最终在一次切割中我发现了切割角度和之前的研究不同，这才有了我在 *Nature* 发的文章课题的雏形。

总结来看，做学术需要去不断抓住有用的创新点，并且敢于尝试、敢于探索，最终才能发现真正的奥秘。

当然，课题上的创新也不是盲目的创新。很多人做课题为了争夺创新的优先级，会囫囵吞枣地做一些研究，抢着把文章投出去。但是这样的文章是比较粗糙的，国际刊物评语最多的就是"太粗糙"。我觉得如果研究一个课题应该做得非常细致，从根源上把原理弄懂，这才是科学的本质。博士四年，我只发表了一篇文章。虽然很多同龄或者比自己小的同学，他们可能在进来之前已经发表了好几篇文章，这当然也会让我有一定压力。但是我整体的心态还是很好的，我习惯按照自己的节奏按部就班开展工作。向着较为创新的方向研究，即使过程会缓慢一点，会比较辛苦，但是我不会急躁，因为学术研究的意义正在于此。我博士二年级上学期研究了整整一个学期的理论，下学期做了整整一个学期的实验，直到博士三年级上学期快结束时才开始投文章，投了整整 8 个月，最终才有所收获。

一次学术创新的成功代表不了什么，真正厉害的科学家，例如我的导师刘教授，从 2000 年起就走在这个领域的前沿。他发表了非常多的文章，且都有很强的研究意义。这种学术创新的"常青树"才是我们大家学习的榜样。希望所有有志于学术的同学不满足于一次或几次的成功，而是活到老，研究到老，创新到老。

写在最后

百年武大，风景秀丽，一半是山，是珞珈山；一半是水，是东湖水。山水之外，武大的人文景点也同样令人流连忘返，如珞珈门牌匾孕育着厚重的历史底蕴，老斋舍樱顶见证了一代又一代武大学子的奋斗。在这片依山傍水的土地上，我深深感受到武大内蕴着的精神力量，而它也成为我坚定做学术的精神支撑。能够在武大这片土地上读书、生活，我深感幸运。希望每一个武大学子都能够贯彻武大的校训，真真切切地做一个对社会有用的人，也希望武大能在历经百年风雨之后更加欣欣向荣，展望新时代。

五载砥砺，武大学子造卫星

亚兆聪教授指导学生规划在轨拍摄目标

启明星团队

　　"启明星一号"微纳卫星研制团队组建于 2019 年，由来自武汉大学遥感信息工程学院和宇航科学与技术研究院的 60 余名本硕博学生组成。团队通过对遥感卫星的模块分解和技术攻关，成功研制了我国首颗可见光高光谱和夜光多光谱多模式在轨可编程微纳卫星"启明星一号"。该卫星于 2022 年 2 月 27 日在海南文昌发射中心圆满发射升空，至今已为地球拍摄超过 1000 万平方千米的影像。除此之外，团队还深入开展了多项遥感应用研究，旨在助力监测生态碳储量。团队获得了多项荣誉，包括 2022 年湖北省青年五四奖章集体，2021—2022 年度"武汉大学十佳遥感星座"，第八届"互联网 +"大学生创新创业大赛国赛银奖、省赛金奖，湖北省第十四届"挑战杯"大学生课外学术科技作品竞赛特等奖，这些成绩鲜明地展现了珞珈遥感学子的坚韧毅力和科研实力。这支由"空间实验室"培养出来的启明星团队成员将继续为中国的遥感卫星事业贡献他们的青春和力量。

2022年2月27日，"启明星一号"微纳卫星在海南文昌发射中心成功发射。"启明星一号"微纳卫星是我国首颗可见光高光谱和夜光多光谱多模式在轨可编程微纳卫星，也是我国首颗学生造遥感卫星。至今，它仍在轨运行，为地球拍摄超过1000万平方千米的影像。

"启明星一号"微纳卫星自发射起一直备受媒体关注，获得了包括央视新闻在内的60余家新闻媒体的100多次报道。其研制和发射离不开启明星团队日日夜夜的努力和坚守，生动地展现了珞珈学子的坚韧和科研实力。同时，也培养了一批深入遥感卫星领域的年轻学子，为未来我国航天事业发展注入了新的活力。

 ## 三年研发路，一朝梦飞天

启明星的构想

研制"启明星"的想法，最初来自学生。在2019年5月的一场毕业论文答辩会上，同学们畅所欲言，提出了很多新颖的想法，但是由于当时的卫星数据多依赖于国外，并且大多数数据不能满足研究需求，导致同学们的想法无法落地。武汉大学宇航科学与技术研究院金光教授结合同学们的奇思妙想，提出了一个大胆的想法，研究院有技术、有实力，能否研制设计自己的卫星呢？经过研究，"启明星"的研制很快便提上议事日程。

其实在2018年，武汉大学曾成功发射"珞珈一号"卫星，但主要是教师主导。而学生主导造卫星，"启明星一号"尚属首次。毕竟学生在此之前都是以接受课本的知识为主，缺乏卫星研制的经验，况且研制卫星需要大量的资金支持。在团队建设初期大家以为学生研制卫星只是一个构想根本无法落地，但金光教授的出现和支持为这个构想增添了黏合剂。

金光教授此前在中国科学院长春光学精密机械与物理研究所工作数十年，有着丰富的卫星制造和载荷设计经验。他选择将科研启动经费用于学生的"启明星"项目，而不是实验室设备。金光教授说："我渴望将多年积累的知识和经验传承给下一代，为国家的航天和遥感事业贡献一份微薄之力。"

启明"启动"

2019 年"启明星"项目正式启动。武汉大学遥感信息工程学院、宇航科学与技术研究院提供场地和经费，组建了教师指导团队。同时，为了集结一批优秀的学生参与，我们在学校广发海报："无论是本科生还是在读研究生，只要是有志于航天卫星研制的同学都可以报名。"这一举措吸引了不同学科背景的同学参加考核，此时在团队中从本科生到博士生，共有 50 多名学生参与，其中本科生数量在 20 名左右。他们的专业能力在"启明星"的研制中得到了充分整合与发展。

团队组建完毕后第一个任务是光学镜头的设计，光学载荷是遥感卫星的核心部件，是遥感卫星遥望地球的眼睛。当得知我们设计的镜头会真正装载到卫星光学载荷上，那一刻我们每个人都很兴奋，同时也充满动力地推进接下来的研究进程。团队的初衷是将遥感应用与卫星研制联系起来，为学生科学研究提供特定遥感数据。因此在载荷设计和卫星组装阶段，我们采用了线性渐变滤光片替代传统的光栅、棱镜分光，简化了光学分光器件，使整个光机系统更简单、紧凑，提高了可靠性。同时，我们还实现了千个谱段的任意选择和优于 10 纳米的光谱分辨率，通过光谱在轨可编程技术，根据拍摄需求灵活地进行谱段选择，并以命令的方式上传至卫星，实现了谱段的可编程。这些设计满足了多样化的应用需求，为学生研究提供了数据便利。

思考，创新

传统的遥感卫星只能白天或晚上进行拍摄，这导致卫星的功能比较单一，因此我们团队思考能不能制造一颗可以实现全天候拍照的卫星，以达到"启明星一号"的多拍摄模式和科学实验多样性的目的。可是这个想法实现起来并非易事，实现全天候拍摄的难点在于在夜晚拍摄地球时，遥感传感器的进光量少、信噪比低。但是团队成员并没有因为困难而选择放弃这一可能性方案。在多次探讨并与老师深度交流后，我们找到了问题的突破口。通过将渐变滤光片分光技术与基于 CMOS 阵列的数字域时间延迟积分技术相结合，并采用大相对孔径光学系统，成功实现了更紧凑的相机结构，在相同的光学孔径下增加了曝光时间，

208

提高了信噪比，由此实现了夜间微弱信号的成像观测。

此外，"启明星一号"作为一颗科学试验微纳卫星，这要求我们必须努力做到整颗卫星的轻量化，从而降低卫星研发和卫星发射成本。为了达到这个目的，团队经过不断地探索，在金教授的指导下我们学习了"星载一体化"的概念，即打破传统卫星分舱设计的理念，以相机载荷为中心，综合考虑卫星结构、控温要求、空间外热流、仪器热功耗等各种因素，进行仪器设备的合理布局，进而使相机结构与卫星结构合二为一，从直观上讲也就是相机即卫星，卫星即相机。"星载一体化"的知识与实现，从热控一体化设计和电子学一体化设计两个方面优化卫星结构，不仅大幅减少了分系统所需的电子部门种类，而且大大减少了元器件数量。

检查，测试

自 2021 年 4 月起，我们开始对卫星正样部件进行包括对 X 通信机的抗辐射试验、力学震动试验、热学环境试验等在内的各项试验。自 2021 年 5 月起，团队进行了正样部件的集成与测试以及卫星软件开发与测试。2021 年 10—11 月，团队进行卫星桌面测试和完成部件集成后的整机测试。在这些过程中除了遥感科学与技术专业外还有光电计算领域等其他专业的学子分工合作，以不同的视角相互交流，多学科交叉。

虽然在研发过程中不断地摸索与试错，但是团队始终保持着航天工作者应有的严谨与细致的科研态度。"我们要确保完整的测试并保障万无一失，才能把卫星放进发射场"，"任何一个小问题都会在火箭发射的那一刻随着火箭的轰鸣声被带到太空中，并会酿成一个大问题"，这些是实验室经常能听到的话。严谨的态度已经在团队每个人心中发芽，并逐渐生长为参天大树，为将来的科研工作打下了坚实的品质基础。

启明"启航"

2022 年 2 月 27 日 11 时 6 分，随着长征八号遥二火箭顺利发射，"启明星一号"成功入轨。负责星箭对接的 2016 级硕士生宋宇飞有幸在发射现场亲眼看到火箭升空的全过程，"零距离"感受中国航天的强大实力。启明星团队成员聚集在卫星发射及测控第二现场，共同见证了"启明星一号"微纳卫星的成功发射。

11 点 28 分，卫星与火箭成功分离，大家在欣喜之余依然屏着呼吸，因为我们深知这只是成功的起点。14 点 11 分，武汉大学"启明星一号"卫星发射及测控第二现场收到卫星测控信号，这标志着卫星不仅成功进入预定轨道，而且能够与地面正常通信。

在卫星研制过程中，李德仁院士、龚健雅院士、曾国强教授等专家给予了很多指导。作为项目具体负责人，金光教授、毛庆洲教授、张学敏副教授带领学生开展卫星技术参数讨论、卫星总体设计、卫星装配测试，攻克了卫星一体化设计、载荷研制、姿态控制等难关，积累了丰富的工程实践经验，并将最终的研发费用降至 500 万元，做到了效益最大化。"造星"不是吹牛，终于圆梦了！

运行，维护

"启明星一号"在 2022 年 3 月 1 日成功开机，并拍摄了首幅武汉西南地区的高光谱影像，这一成果触动着团队每个成员的心弦，意味着"启明星一号"遥感卫星开始工作了！自此"启明星一号"项目正式进入第二环节，即组建卫星运控和数据预处理团队。团队此时进行了一次以研究生为主、本科生为辅的扩招。从这一刻开始，我们的身份转变为与卫星交流的信使。卫星运控由学生负责，收到拍摄需求后根据卫星的位置和姿态、成像仪器的性能、目标特征、天气情况、数据传输与储存和目标重要性等因素，系统性地制订拍摄计划、进行指令上传并根据成像质量实时调整成像参数。

"启明星一号"夜光模式也成功成像，博士生吴极带领团队努力摸索着夜光成像任务和数据预处理的方法流程。

应用，研究

在启明星发射运行之后，团队已经收到了来自联合国卫星中心、地球观测组织等多家机构的几十份数据拍摄需求，它们都对我们卫星的数据产生了极大兴趣。"启明星一号"卫星作为一颗科研试验星，其高光谱数据和夜光数据现已向全球高校和科研机构免费开放，此外，卫星的应用研究工作也逐渐深入，团队成员 2019 级本科生李政灿、袁梦琳、李幸静、王润仙在巫兆聪教授的指导下，深度参与"启明星一号"微纳遥感卫星应用开发工作，通过系统化数据处理制作了"湖北一张图"，并基于"启明星一号"高光谱影像实现湖北省土地覆被分类、仙桃市农田土壤碳含量评估、黄冈市森林生态系统碳储量评估和洪湖水生植被识别等遥感应用。研究结果表明，"启明星一号"影像具备大范围对地覆盖观测的能力和生态碳储量反演的可行性，有助于为大区域碳减排和生态环境保护提供决策支持。

目前，"启明星一号"卫星正有效服务于湖北省及周边区域的水体环境监测、城市规划、城市经济发展、光污染监测和自然资源调查等多个领域，已成为集科研与应用一体化的空间实验室平台。我们相信，"启明星一号"的发射不仅能提升武汉大学的科研实力，也能为实现人类命运共同体贡献一份力量。

 启明起航，砥砺前行

2020年9月22日，习近平总书记主持召开教育文化卫生体育领域专家代表座谈会时强调："我国高校要勇挑重担，聚焦国家战略需要，瞄准关键核心技术加快技术攻关。""启明星一号"作为我国首颗学生造卫星，体现了武大学子敢闯敢做的科研热情、勇挑重担的青年担当、精益求精的求学态度和不懈奋斗的精神力量。学生在卫星研制过程中的所知、所做、所学无不体现着武汉大学"自强、弘毅、求是、拓新"校训精神。作为武大学子，我们将用自己的所学所知，在科研事业中发光发热、砥砺前行，在时代的浪潮中贡献自己的青春力量。

在浩瀚的星空，深邃的宇宙
那颗夜空中最亮的星熠熠生辉
承载着珞珈学子的梦想与担当